I0750335

Pedro Calderón de la Barca

Eco y Narciso

Barcelona 2024
Linkgua-ediciones.com

Créditos

Título original: Eco y Narciso.

e-mail: info@linkgua.com

Diseño de cubierta: Michel Mallard.

ISBN tapa dura: 978-84-1126-254-5.
ISBN rústica: 978-84-9816-403-9.
ISBN ebook: 978-84-9897-186-6.

Sumario

Brevísima presentación

La vida

Pedro Calderón de la Barca (Madrid, 1600-Madrid, 1681). España.

Su padre era noble y escribano en el consejo de hacienda del rey. Se educó en el colegio imperial de los jesuitas y más tarde entró en las universidades de Alcalá y Salamanca, aunque no se sabe si llegó a graduarse.

En 1621 se negó a ser sacerdote, y poco después, en 1623, empezó a escribir y estrenar obras de teatro. Escribió más de ciento veinte, otra docena en colaboración y alrededor de setenta autos sacramentales. Sus primeros estrenos fueron en corrales. Entre 1635 y 1637, Calderón de la Barca fue nombrado caballero de la Orden de Santiago. En la década siguiente vivió en Cataluña y, entre 1640 y 1642, combatió con las tropas castellanas. Sin embargo, su salud se quebrantó y abandonó la vida militar. Calderón murió mientras trabajaba en una comedia dedicada a la reina María Luisa, mujer de Carlos II el Hechizado. Su hermanó José, hombre pendenciero, fue uno de sus editores más fieles.

En la mitología griega Narciso es un hermoso joven. Al nacer, sus padres consultaron al adivino Tiresias quien dijo: «Vivirá hasta viejo si no se contempla a sí mismo». Entre las jóvenes enamoradas de él estaba la ninfa Eco, quien había disgustado a Hera y había sido condenada por ésta a repetir las últimas palabras que le dijesen.

Eco en consecuencia no podía hablarle a Narciso de su amor, pero un día, mientras Narciso caminaba tuvieron un diálogo. Cuando él preguntó: «¿Hay alguien aquí?», Eco contenta respondió. «Aquí, aquí».

Entonces Narciso le gritó: «¡Ven!».

Y tras responder: «Ven, ven», Eco salió de entre los árboles con los brazos abiertos. Narciso no aceptó el amor de Eco; y ella afligida se ocultó en una cueva y se consumió hasta que solo quedó su voz. Para castigar a Narciso, Némesis, la diosa de la venganza, hizo que se apasionara de su propia imagen reflejada en el agua. Narciso, incapaz de apartarse de su imagen, acabó arrojándose al agua. Calderón toma en Eco y Narciso la historia narrada por Ovidio (Metamorfosis, III), el texto añade a la fábula mitológica detalles como el encierro de Narciso por su madre, para evitar su propia destrucción.

Personajes

Eco
Narciso
Febo
Silvio
Anteo
Sileno
Música
Liríope
Laura
Nise
Sirene
Silvia
Bato
Acompañamiento

Jornada primera

(Sale Silvio de pastor de gala.)

Silvio

Alto monte de Arcadia, que eminente
al cielo empinas la elevada frente,
cuya grande eminencia tanto sube,
que empieza monte y se remata nube,
siendo de tu copete y de tus huellas
la alfombra rosas y el dosel estrellas...

Febo

Bella selva de Arcadia, que florida
siempre estás de matices guarnecida,
sin que a tu pompa, a todas horas verde,
el diciembre ni el julio se acuerde,
siendo el mayo corona de tu esfera,
y su edad todo el año primavera...

Silvio

Pájaros, que en el aire fugitivos,
sois matizados ramilletes vivos,
y añadiendo colores a colores,
en los árboles sois parleras flores...

Febo

Ganados, que en el monte divididos,
música sois de esquilas y balidos,
y en la margen de aquese arroyo breve,
cándidos trozos de cuajada nieve...

Silvio

A pediros albricias mi alegría
viene de las venturas deste día,
pues Eco, en él, zagala la más bella
que vio la luz de la mayor estrella,
de humana da floridos desengaños,
un círculo cumpliendo de sus años.

Febo

Pésames viene a daros mi tristeza,
de que la rara y singular belleza
de Eco, desengañada de que ha sido
inmortal, un círculo ha cumplido
de sus años, que aunque de dichas llenos,
cada año más es una gracia menos.

(Sale Bato.)

[Bato]

Selvas de Arcadia, bello excelso monte,
ganados y aves, pues, deste horizonte,
a pediros albricias he venido
y a daros hoy un pésame cumplido:
las albricias, porque Eco a la florida
fiesta hoy de sus años nos convida,
y con su vanidad hacer promete
a todas un opíparo banquete;
y el pésame, porque (¡dolor extraño!)
otro no nos hará de hasta aquí a un año.

Febo

¡Oh Silvio!

Silvio

¡Oh Febo!

Bato

¡Oh Bato!

Febo

¿Tú mismo a ti te nombras, mentecato?

Bato

Pues si no hay quien me nombre,
¿qué he de hacer? Y este estilo no os asombre,
que el tiempo está tan necio e importuno,
que es menester honrarse cada uno.

Febo Silvio, pues ¿dónde bueno?

Silvio De gusto vengo y de alborozo lleno
a esta hermosa cabaña,
que dos veces pajiza el Sol la baña.

Febo Yo también a ella vengo,
y de verte a ti en ella celos tengo;
que ya mi amor está desengañado
de que vives de Eco enamorado.

Silvio ¡Oh qué temprano, cielos,
antes que con mi amor, di con mis celos!

Bato ¡Qué falsos, con esfuerzos semejantes,
están unos con otros los amantes!

Febo ¿Por qué lo dices?

Bato Aunque ya quisiera
decirlo, no pudiera,
porque toda esta música, este ruido,
dice que Eco ha salido
de todos los zagales festejada.

Silvio Darela el parabién con voz turbada,
hasta que hablen más claro mis desvelos.

Febo ¿Quién vio en villano amor tan nobles celos?

(Salen Músicos, Sileno, Anteo, Nise, Sirene, Eco detrás.)

Músicos A los años felices de Eco,
divina y hermosa deidad de las selvas,

feliz los señale el mayo con flores
ufano los cuente el Sol con estrellas.

Silvio

Eco hermosa, en quien cifró
la sabia naturaleza
la más singular belleza
que jamás la Arcadia vio;
el círculo que cumplió
la aurora en tus luces bellas,
tanto mayores que en ellas
unos y otros resplandores...

[Él y Músicos]

Feliz los señale [el mayo con flores,
ufano los cuente el Sol con estrellas.]

Febo

Tu florida primavera
el invierno ignore frío,
ardiente ignore el estío,
porque dure lisonjera
en su verdor, de manera
que de la muerte las huellas
no tronquen sus rosas bellas,
sino sus claros albores...

[Él y Músicos]

Feliz los señale [el mayo con flores,
ufano los cuente el Sol con estrellas.]

Bato

Mi lengua no te aconseja
vivir tanto; que es error,
que morir moza es mejor
que no llegar a ser vieja.
Y así las edades deja,
que en pasándosete aquella
de la hermosura más bella,

los matices y colores...

[Él y Músicos]

Feliz los señale [el mayo con flores,
ufano los cuente el Sol con estrellas.]

Eco

Estoy muy agradecida
al festejo que me hacéis,
y para que me mandéis,
solo estimaré esa vida
en la canción repetida;
pero quejarme también
debo este tiempo, de quien
con extremos más extraños
en la fiesta de mis años
no me ha dado el parabién.

Anteo

Si es que lo dices por mí,
yo soy rústico pastor.
Nunca hablar supe en amor;
luchar con las fieras, sí;
y ya que he callado aquí,
en tu nombre al monte iré,
cuanto cace traeré;
y así, con acción más alta,
lo que en palabras me falta,
en obras te lo diré.

Sileno

Si por mí también ha sido,
Eco, la queja que has dado,
no extrañes que mi cuidado
me tenga tan suspendido.
Años también han cumplido
hoy mis mayores enojos;
y así, en rendidos despojos,

no te ofrecen mis agravios
las lisonjas de los labios,
sino el llanto de los ojos.
Doce años ha que faltó
Liríope, mi hija bella,
destos valles, y que della
no tuve noticia yo:
hoy los cumple, y así, no
admires ver en mis daños
sentimientos tan extraños,
pues el día (¡oh suerte dura!)
que cumple años tu hermosura,
cumple mi desdicha años.

Bato — Hoy no es de lágrimas día.

Sirene — No nos quite la extrañeza
de tu notable tristeza
nuestra común alegría.

Nise — Vuelva a la dulce armonía
a poblar los vientos.

Eco — Hoy
al templo ofrecida estoy
de Júpiter, que en lo oculto
yace deste monte inculto,
pues acompañada voy
de todos, cumplirle quiero
ahora, que mal pudiera
sola yo, sin que temiera
el horrible mostruo fiero
que en él se esconde.

Febo
Aunque infiero
cuánto es grave pesadumbre
querer penetrar la cumbre
donde ese templo se asienta,
pues su fábrica violenta
del Sol escala la cumbre,
vamos, que yendo contigo,
la dificultad mayor
hará fácil el amor.

Silvio
Y yo lo mismo te digo.

Bato
Yo no, que a ir no me obligo
adonde un monstruo encantado
muestas gentes y ganado
tantas veces asombró.

Sirene
Vuelva la música, y no
quede pastor en el prado
que no vaya.

Silvio
Yo también
llegar hasta el templo quiero,
por si en él piedad espero.

Nise
Pues prosiga el parabién.

Febo
¡Ay, Eco divina, quién
obligara tu rigor!

Silvio
¡Quién lograra tu favor!

Eco
¡Quién querida no se viera!

Sileno ¡Quién su llanto divirtiera!

Bato ¡Quién no tuviera temor!

La Música
A los años felices de Eco,
divina y hermosa deidad [de las selvas,
feliz los señale el mayo con flores,
ufano los cuente el Sol con estrellas.]

(Vanse, y sale Liríope, y Narciso de pieles, y Liríope con arco y flechas, y Narciso sin él.)

Liríope No has de pasar de aquí.

Narciso
¿Cómo
quieres tú que me detenga,
si esos pájaros que escucho
forman tan extraña y nueva
música para mi oído,
que arrebatado me llevan
tras sus acentos? Jamás
voces escuché tan tiernas,
aunque escuché tantas veces
las aves que al Sol despiertan.

Liríope
Esas voces que has oído,
y que tú ser aves piensas,
no lo son.

Narciso Pues ¿qué son, madre?

Liríope
No conviene que lo sepas,
porque los hados han puesto
tu mayor peligro en ellas.

Narciso
¿Qué peligro, si el mayor
será no escucharlas? Deja
que las siga: sepa quién
tan süavemente alienta
los acentos de su voz,
diciendo en cláusulas tiernas...

Él y Músicos
A los años felices de Eco,
divina y hermosa deidad de las selvas...

Liríope (Aparte.)
Naturalmente llevado
del afecto, los remeda.

Él y Músicos
Feliz los señale el mayo con flores,
ufano los cuente el Sol con estrellas.

Liríope
¡Que en tantos años no haya
quien a discurrir se atreva
esta intrincada espesura,
y hoy con tal música vengan!

Narciso
Permíteme, madre mía,
que los siga.

Liríope
¡Tente!

Narciso
Suelta,
que ¿cómo he de detenerme
hoy en lo que a decir vuelvan?

Él y Músicos
Feliz los señale el mayo con flores,
ufano los cuente el Sol con estrellas.

Liríope

¿Ya no sabes que no puedes
llegar más que hasta esta peña,
que es pardo cancel que cubre
los umbrales de esa cueva
donde vivimos los dos?
Pues ¿cómo romper intentas
los fueros de mi precepto,
las leyes de mi obediencia?

Narciso

Como aquella novedad
me ha dado, madre, licencia,
no para que intente solo
quebrantarlas y romperlas,
mas para que intente hablarte
más claro, escúchame atenta.
Yo, desde aqueste peñasco,
que es raya donde me ordenas
que pueda llegar, he visto
de la gran naturaleza
varios efectos. Un día
sobre aquella parda sierra
vi una ave, que es sin duda
de todas las otras reina,
según lo ufana que vive,
y según lo alto que vuela.
Esta, sobre un verde nido
hecho de pajas y yerbas,
unos polluelos tenía,
a quien con su boca mesma
mantenía en cuanto estaban
desnudos de pluma. Apenas
vestidos los vio y con alas,
cuando, las piedades vueltas
en rigores, los echó

del nido, para que fuera
del discurso de su vida
la necesidad maestra.
Entre aquellos dos peñascos
(aun allí dura la quiebra)
una leona criaba
sobre pieles de otras fieras
unos cachorros, a quien
desangrada su fiereza
por los pechos mantenía,
hasta que cobrando fuerzas
los arrojó de sí misma,
tratándolos con soberbia,
para que ellos conociesen
lo que les daba en herencia.
Pues si una fiera y una ave
del lecho y el nido echan
a sus hijos, para que ellos
a vivir sin madre aprendan,
¿por qué tú, viéndome ya
con las alas que en mí engendra
el discurso y con el brío
que mi juventud ostenta,
no me despides de ti?
¿No me has contado tú mesma
que hay más mundo que estos montes,
más casas que aquesta cueva,
más gente que aquestos brutos,
más población que estas selvas?
Pues ¿por qué, madre, me quitas
la libertad, y me niegas
don que a sus hijos conceden
una ave y una fiera,
patrimonio que da el cielo

[al que ha nacido en la tierra]

Liríope

De que discurras, Narciso,
tan malamente me pesa,
porque me obligas a darte
de esas dudas la respuesta.
Yo lo haré, pero no ahora;
que antes que el Sol se oscurezca,
a cazar que comas quiero
salir: en dando la vuelta,
los peligros te diré
que amenazan tu belleza,
y las causas porque así
te he criado; que pues llegas
a tener ya entendimiento,
tú sabrás guardarte dellas.
Solo lo que ahora mi voz
con mis lágrimas te ruegan
es que no salgas de aquí
hasta que yo a verte vuelva.

Narciso

Yo te lo ofrezco con una
condición, y es que no venga
otra vez a mis oídos
aquella voz lisonjera
que escuché, porque será
mucho no irme tras ella,
si vuelve nadie a decir
con voz tan süave y tierna...

Él y Músicos

A los años felices de Eco,
divina y hermosa deidad de las selvas...

(Vase.)

Liríope

Llegó el día que temí,
pues ya declarar es fuerza
a Narciso los sucesos
de mi vida y de su estrella.
Dioses, dad ventura hoy
a las puntas de mis flechas;
que nunca más me importó
dar presto al albergue vuelta.

(Entran por una puerta, y sale Anteo por otra con venablo.)

Anteo

Solo un día que ha querido
cazar con más diligencia
el deseo, no ha topado
caza ninguna, aunque sea
penetrando las entrañas
desta confusa maleza,
que tarde o nunca ha sentido
de humanas plantas la huella,
no he de volver al lugar,
sin topar alguna presa
que se pueda dar a Eco,
pues vine en su nombre.

(Vuelve Liríope a salir.)

Liríope

Apenas
tímido conejo hoy corre,
cobarde perdiz hoy vuela.
Nunca viene más despacio
que cuando se busca apriesa
la caza.

Anteo

Entre aquellas ramas
ruido he sentido.

Liríope

Entre aquellas
hojas rumor he escuchado.

Anteo

En cualquier cosa que sea
la cuchilla he de dejar
deste venablo sangrienta.

Liríope

En lo que fuere he de ver
manchado el hierro a mis flechas...
pero un hombre es. ¡Ay de mí!
No dispares, tente, espera.

Anteo

Bien ha sido menester
oír pronunciar tu lengua
voz humana, para que
la acción al brazo suspenda.

Liríope

Y bien menester ha sido
verte a ti tan descubierta–
mente, para que el impulso
afloje al arco la cuerda.

Anteo

Humano monstruo, ¿quién eres?

Liríope

Soy una ignorada fiera
destos montes; y así, antes
que aquí más noticias tengas
de mí, vuélvete, porque
si dar otro paso intentas,
desde mi aljaba a tu pecho
verás volar las saetas

tan veloces, que ellas solas
se embaracen a sí mesmas.

Anteo

Si las señas no me mienten,
conocido he por tus señas
que eres el prodigio a quien
toda esta comarca tiembla.
Y así, aunque dos muertes juntas
aquí mi recelo tema,
la una de tus arpones,
la otra de tu extrañeza,
he de atropellarlas ambas;
porque no solo ya intenta
mi admiración apurar
quién, extraño monstruo, seas,
pero llevarte conmigo;
que he hecho a una zagala ofrenda
de lo que hoy cacé en el monte,
y será notable empresa
el ofrecerte a sus plantas,
y el asegurar la tierra.

Liríope

No desesperado intentes
tan grande acción, porque arriesgas
tu vida.

Anteo

Ya no es posible
dejar de intentarlo.

Liríope

Piensa
a lo que te atreves antes.

Anteo

No hay nada a que no me atreva
yo.

Liríope — Pues será a tanto riesgo
como el de morir.

Anteo — ¿Qué esperas?
Dispara.

Liríope — Sí haré. Mas ¡cielos!
Con la sobrada violencia
que alentar el tiro quise,
al arco rompí la cuerda.

Anteo — Sin duda, que yo consiga
esta victoria desean
los dioses.

Liríope — Pues si has vencido
mis desdichas, no mis fuerzas,
mil pedazos te haré antes
que segunda vez me venzas.

(Luchan los dos.)

Anteo — Mal sabes quién es el joven
que te lidia; que aunque fueras
leona destas montañas,
humillara tu soberbia.

Liríope — ¡Ay infelice de mí!
Ya que a tu valor sujeta
estoy, no me lleves sola;
que lleve conmigo deja
la otra mitad de mi vida.
¡Narciso!

Anteo — Los labios cierra.
No llames a quien te ampare,
porque, sin que te defiendan,
he de lograr esta dicha.

Liríope — ¡Narciso!

Anteo — ¡Calle tu lengua!

(Vanse los dos luchando, y sale Narciso.)

Narciso — La voz de mi madre he oído,
que tristemente se queja
llamándome. Si ella misma
que no salga de la cueva
me manda, ¿cómo me llama?

(Lejos Liríope.)

Liríope — ¡Narciso, adiós! Que me ausentan
de ti mis hados.

Narciso — ¿Qué escucho?
Pues, ¿cómo, madre, me dejas,
diciéndome desde lejos,
sin que yo donde estás sepa,
que los hados han dispuesto
hacer de mi amor ausencia?
El día que te esperaba
mi alma y vida más contentas,
porque esperaban saber
quién soy, y cómo me niegas
la libertad, isolamente

vuelven tus voces, y aun esas
no cabales, pues el viento
me está quitando las medias!

(Lejos Liríope.)

Liríope

¡Narciso, adiós!

Narciso

¡Ay de mí!
¿Qué he de hacer sin ti en aquestas
montañas solo, ignorando
quién soy, y qué modo tengan
de vivir los hombres, pues
nada sino hablar me enseñas?
Y aun eso te perdonara
ahora, porque no tuvieran
en su abono las desdichas
el consuelo de las quejas.
Mi bien, mi madre, señora,
vuelve, vuelve a mí; no seas
tan ingrata que me dejes
a vivir entre estas peñas,
compañero de los troncos,
de sus brutos y sus fieras.
¿Qué enojo te he dado yo,
para que desta manera
huyas de mí? ¿No he vivido
siempre atento a tu obediencia?
¿Sé yo más de lo que tú,
madre, has querido que sepa?
Pues ¿para qué me castigas
con tan extraña sentencia?
¡Ay de mí! ¿Qué haré? La voz
hacia allí se oyó. Tras ella

iré, que no dudo que
mis lágrimas la detengan.
Ea, ¡adelantaos suspiros!,
decid que ya el llanto llega,
que le aguarde un breve instante,
que solo va a enternecerla.
Mas ¡ay triste!, que no sé
si el discurso acierta o yerra
en la elección de mis pasos,
que como es la vez primera
que de la cueva he salido,
no sé si yerra o acierta.
Dioses, mis plantas guiad;
cielos, socorred mis penas;
Sol, alumbra mis sentidos;
inclinad mi arbitrio, estrellas;
fieras, doleos de mí;
aves, repetid mis quejas;
montañas, dadme salida;
troncos, decidme la senda,
pues a un infeliz, a quien
su misma madre le deja,
justo será que le amparen
dioses, cielos, Sol, estrellas,
fieras, pájaros, montañas,
troncos, peñascos y selvas.

(Vase, y salen Febo, y Silvio asidos de una cinta, y Sileno, y los Músicos, y Eco deteniéndolos, y Laura, y Sirene, y Libia.)

Febo — Antes perderé la vida
que no la cinta.

Eco — Mirad

que estoy hoy aquí.

Silvio — Tu beldad
me perdone, y no me impida
el quedar con el listón,
ya que habiéndose caído
de tu cabello, yo he sido
el que en aquella ocasión
le llegó a alzar el primero.

Febo — Amor nunca en sus favores
gradúa los acreedores;
y aunque llegase postrero,
le he de llevar.

Bato — ¿No advertís...

Febo — ¿Qué?

Bato — ...que es muy civil contienda
por un listón que en la tienda
a veinte maravedís
vale la vara, luchar?

Sileno — Si los dos habéis culpado
que mi prolijo cuidado
hoy me acuerde mi pesar,
diciéndome que no es día
de lágrimas el que veis,
¿cómo convertir queréis
en tristeza el alegría,
con que del templo volvemos?

Silvio — Como en cualquiera ocasión

los celos disculpas son,
aun de mayores extremos.

Eco

Oídme a mí, sin que tengáis
más contienda ni porfía.
Si el listón, por prenda mía,
tanto los dos estimáis,
advertid que no merece
hasta ahora esta estimación,
pues no es favor un listón
que el viento acaso os ofrece
de mi cabello volado;
que aunque yo no entiendo nada
de amor, la ocasión tomada
ha de ser, y el favor dado.
Y así, hasta que yo le dé,
no le tengáis por favor;
volvérmele a mí es mejor
que yo después le daré
de mi mano a quién quisiere,
que con mi gusto le tenga.

Febo

Aunque mi temor prevenga
que nunca esa dicha espere,
el listón te restituyo.

(Dásele.)

Silvio

Yo también, aunque no creo
que jamás vuelva el deseo
a verse con favor tuyo.

Bato

Si habértele vuelto aquí
es para que tú le des

al más galán, venga pues,
que claro es que es para mí.

Sirene ¿Tú el más galán?

Bato ¿Por qué no?
¿Qué me falta para sello,
sino que caigan en ello
hoy los demás como yo?

Silvio Ya que a ti restitüido
ese iris de colores,
que con tantos resplandores
lisonja del viento ha sido,
habemos los dos, te pido
que cumpla tu beldad rara
hoy su palabra. Declara
para cuál de los dos es,
como ofreciste.

Febo No des
igual sentencia, y repara
que si yo te le volví,
por obedecerte fue
solamente, y no porque
merecerle presumí
jamás; y siendo esto así,
que no le des te prevengo,
que a ser tan infeliz vengo
en amar y padecer,
que aun temo que he de perder
la esperanza que no tengo.

Silvio Yo tampoco la he tenido,

que el haber yo deseado
ver mi dolor declarado,
más desconfianza ha sido,
que si a una duda rendido
tengo de morir, que acuda
es mejor mi fe desnuda
de su desengaño el daño,
por morir del desengaño
si he de morir de la duda.

Febo
Duda o desengaño infiero
hoy precisos; y pues no
es posible tener yo
la ventura que no espero,
vivir hoy dudoso quiero
antes que desengañado,
pues en mi infelice estado
es lance menos penoso
el ser en duda dichoso,
que de cierto desdichado.

Silvio
Poco ama aquel que, en su engaño
consolado, de su dama
no ama el favor.

Febo
Menos ama
quien no teme un desengaño.

Silvio
La duda es dolor extraño.

Febo
Ese quiero padecer.

Silvio
Querer dudar no es querer.

Febo
Querer saber no es amar.

Silvio
Pues yo no quiero dudar.

Febo
Pues yo no quiero saber.

Eco
Vós que me declare, y vós
que calle solicitáis,
y yo en la duda en que estáis
he de igualar a los dos.
(Aparte.) (Deme, pues, el ciego dios
industria para que aquí
hable y calle. Solo así
el callar y hablar se infiere.)
El listón daré al que hiciere
mayor fineza por mí.

Febo
Yo aceto la condición,
y solamente pudiera
ser esa la que pusiera
alas a mi presunción.
Fundolo en esta razón;
el merecer no está en mí,
y en mí está el servir; y así
puedo esperanza tener,
pues no está en mí el merecer
y el hacer finezas sí.

Silvio
Yo la condición no acepto,
porque si tan feliz fuera
que hacer finezas pudiera,
no las guardara a este efecto.
Nada un amor que es perfecto
reservó: siendo esto ansí,

bien la condición temí;
pues mi corazón constante
no podrá hacer adelante
más de lo que ha hecho hasta aquí.

(Salen Anteo y Liríope.)

Anteo

Eco hermosa, a quien el cielo
dotó de tantos favores;
bellas zagalas, pastores,
honor del arcadio suelo,
vivid, vivid sin recelo
de aquel monstruo que con tantas
penas os asombró, que tantas
veces le visteis, pues ya
humilde y tendido está
besando de Eco las plantas.
En su nombre al monte fui,
y en el monte le encontré;
no es la admiración el que
os le haya traído aquí;
no el verle cubierto así
de cabello, no el andar
es lo que os ha de admirar;
sino el oírle hablar, que tiene
nuestra humana voz, que viene
a hacerle más singular.
Preguntadle, hablad con él,
que a todos responderá.

Eco

Si hablar sabes, dinos ya
quién eres, monstruo crüel.

Febo

Respóndanos tu horror fiel

cuánto su esclavitud siente.

Silvio
¿De qué especie diferente
eres?

Sileno
¿Sabes dónde estás?

Liríope
Pues no puedo callar más,
escuchadme atentamente.
Yo, pastores de la Arcadia,
no soy, como presumís,
monstruo irracional, que soy
una mujer infeliz;
si bien no ha sido el engaño
muy notable, si advertís
que solo para ser monstruo
de la fortuna nací.
Estos valles, que están siempre
de un matiz y otro matiz
llenos, porque todo el año
no saben más que el abril,
fueron mi primer cuna:
¡pluguiese a ese azul viril,
que tumba, y [no] cuna, hubiesen
sido entonces para mí!
Joven, mi hermosura apenas
empezaba a descubrir
en mis primeras auroras
algún agrado gentil,
cuando a descubrir también
empezó (esto permitid
que diga) que no vio el Sol
una hermosura feliz.
Céfiro, un galán mancebo

(hijo del viento sutil,
por el nombre, que su padre
debió de llamarse así),
me vio en el prado una tarde,
y enamorado de mí,
a entender me dio su amor
cortésmente; que el carmín
respondió de mis mejillas,
parlero no, mudo sí.
Desde allí mi sombra fue,
y yo su luz desde allí,
pues no hice más que abrasar,
y él no hizo más que seguir.
¡Oh cuántas veces, oh cuántas
dar a los vientos le vi,
suspiros de ciento en ciento,
lágrimas de mil en mil,
sin que el buril ni la lima
del porfiar y el asistir,
pudiesen labrar mi pecho,
porque era diamante, en fin
defendido aun a las mellas
de la lima y del buril!
Desesperado su amor
de no poder conseguir
mi amor, y desesperado
de padecer y sentir,
una tarde que al ejido
apacentando salí
una manada de blancos
corderillos, que entre sí
retozando celebraban
la libertad del redil,
a mi Céfiro llegó,

y abrazándose de mí,
bien como al muro la yedra,
bien como al olmo la vid,
dijo: «Lo que no han podido
rendimientos conseguir,
consíganlo las violencias».
Y en este instante (¡ay de mí!)
el Céfiro arrebató
a los dos con tan sutil
movimiento, que a las nubes
volar sin alas me vi;
que como era padre suyo,
por no mirarle morir
de amor, le prestó sus alas:
¡Mirad qué piedad tan vil!
¿Quién vio contienda de amor
tan nueva, pues bien así
volábamos los dos como
la temerosa perdiz
en las garras del azor,
la garza en las del neblí?
Viéndome desvanecer
al solicitar medir
la distancia de la tierra,
los ojos cerré, y me así
al traidor hijo del viento.
¡Ah, qué abrazo es tan rüin
el que la necesidad
hace dar y no sentir!
Desta suerte, pues, conmigo
llegó el velero adalid
del yate a esa cumbre altiva,
a quien todo ese turquí
globo con su peso está

agobiando la cerviz.
Hay en sus duras entrañas
una oscura cueva. Aquí
de los piélagos vacíos
el humano bergantín
tomó puerto, a quien salió
un anciano a recibir.
Después os diré quién era,
porque ahora es fuerza decir
que honestando la traición
con la disculpa civil
de amor, que aun el enojar
es en nosotras servir,
llegó... Entendedlo vosotros,
y a mi vergüenza suplid
cosas, que para saberse
no se han menester oír.
¿Quién creerá que tan extraño
principio de amor su fin
tan cerca tuviese, que
su nacer fue su morir?
Todos lo creed; que apenas
coronada de jazmín
salió otra aurora (no sé
si a llorar o si a reír),
cuando, ausente de mis brazos,
más a Céfiro no vi.
¿Qué hay que esperar del que finge
si el que ama procede así?
En poder de aquel anciano
caduco quedé... Ahora oíd
con más atención, porque
empieza otro caso aquí
no menos extraño. Este

Tiresias era el sutil
mágico que tantas veces
habréis oído decir
que asombraba con su ciencia
a los dioses, pues así
a ese encuadernado libro
de once hojas de zafir
le leía los secretos,
que muchas veces le vi
los futuros contingentes
anunciar y presumir.
¡Cuántas veces eclipsó
al Sol puesto en su cenit,
y cuántas resplandecer
le hizo desde su nadir!
¡Cuántas a la blanca Luna
la vistió de carmesí,
y cuántas a las estrellas
las vistió el oro de Ofir!
Porque se quiso igualar
a Júpiter, él allí
ciego y preso le tenía.
Consideradme ahora mí
presa allí y ciega también,
aborreciendo el vivir,
y las lástimas veréis,
con que mis penas sentís.
Sola una utilidad pudo
mi soledad adquirir,
que fue saber los sucesos
que de su ciencia aprendí,
principalmente en las causas
naturales a quien fui
más inclinada. No hay piedra,

flor, yerba ni hoja, que en fin
su naturaleza niegue...
Pero esto no es para aquí.
Un día, pues, aquel caduco
esqueleto me habló así:
«Yo he hallado por mis estudios
que ya el término cumplí
de mis alientos: hoy es
cuando tengo de morir.
No tengo que te dejar,
¡oh compañera gentil!,
de mis fortunas, si no es
lo que te voy a decir.
Encinta estás, un garzón
bellísimo has de parir.
Una voz y una hermosura
solicitarán su fin
amando y aborreciendo;
Guárdale de ver y oír».
Yo, viendo del vaticinio
ya los anuncios cumplir
en el parto y la belleza,
todo lo demás temí:
y así, sin querer jamás
de aquella cueva salir,
asegurando a Narciso
de sus peligros, viví
criándole, sin que llegase
a saber ni a discurrir
más de lo que quise yo
que él alcanzase, y en fin,
sin que otra persona viere
humana, sino es a mí.
Esta es la causa porque

viéndome tal vez huir
por el monte los pastores,
escándalo suyo fui.
Mas ya que ha querido el cielo
mis secretos descubrir,
rendida de aqueste joven,
todos conmigo venid
por mi hijo, pues es fuerza
ya entre vosotros vivir.
Fuera de que ya el discurso
suyo le empieza a afligir
y no dudo que su pena
le acabe al verse sin mí.
Y para que me creáis
todo cuanto os repetí,
por si oístis alguna vez
mi suceso referir,
y hay alguna entre vosotros
que ahora se acuerde de mí;
yo, que en los inquietos mares
de la fortuna corrí
tan graves tormentas; yo,
que al nunca mudo clarín
de la fama voladora
tantos asuntos le di;
yo, que al teatro del mundo
cómica tragedia fui;
yo, ejemplo del padecer;
yo, epílogo del sentir;
yo, cifra del suspirar,
del llorar y del gemir,
la hija soy de Sileno,
Liríope la infeliz.

Sileno

¡Ay hija del alma mía!
Deja que una vez y mil
tu cuello enlace. Yo soy
Sileno, y pues merecí
a la que muerta lloré,
viva abrazar, ver y oír,
venga la muerte, pues ya
no tengo más que vivir.

Liríope

Humilde a tus pies estoy,
aunque la vergüenza aquí
me embaraza mucha parte
del contento que hay en mí.

Eco

Los brazos albricias vean
de suceso tan feliz.

Febo

Aquí más dice el callar
que el decir puede decir.

Silvio

Con bien, Liríope, vuelvas
a esta campaña gentil.

Bato

Yo, hasta veros desollada
del pcllcjo que vestís,
aún no me atrevo abrazaros.

Anteo

Dichoso mil veces fui,
pues traer tanta alegría
puede al valle conseguir.

Liríope

Mayor será cuando todos
veáis a mi hijo, en quien sutil
esmeró naturaleza

sus perfecciones. Venid
conmigo a la cueva donde
me espera: hallaréis allí
bruto el más bello diamante,
y tosco el mejor rubí.

(Salen.)

[Sileno] Guía, Liríope mía.

Eco Todos habemos de ir
juntos.

Febo ¿Quién se quedará
sin ver deste caso el fin?

Bato Yo, que si no hay que fiar
de una mujer mansa, di,
¿qué habrá que fiar de aquesta
tan montaraz y cerril?

Silvio Vamos todos.

Todos Vamos todos.

Liríope Vamos, mis pasos seguid.
Narciso, no te entristezca
mi ausencia, ya voy tras ti.

Fin de la primera jornada

Jornada segunda

(Salen todos los del templo que acabaron la primera jornada.)

Liríope — Mil veces infeliz fui.

Febo — Oye.

Sileno — Aguarda.

Eco — Escucha.

Sileno — Espera.

Nise — Mira.

Anteo — Advierte.

Sirene — Considera.

Liríope — No hay consuelo para mí,
habiéndome sucedido
una desdicha tan nueva,
pues Narciso de la cueva
falta. Jamás ha salido
della, sino solo hoy,
y ya su muerte recelo.
¡Narciso! ¡Narciso! Al cielo
en vano estas voces doy.
Sin duda, el haber tardado
tanto el venir aquí yo,
de la cueva lo sacó.
¡Oh, máteme mi cuidado!

Anteo — No te aflijas, que pues él
en este monte ha de estar,
yo te lo sabré buscar.

Todos — Todos iremos.

Liríope — Crüel
fortuna ha sido la mía.
¡Narciso! Yo estoy mortal.

Sileno — ¡Ay dioses!, ¿cuándo cabal
sucederá una alegría?

Silvio — Discurriendo el monte vamos
llamándole, pues será
cierto el responder.

Liríope — No hará;
porque si así le buscamos,
él, que nunca gente vio,
más es fuerza que se esconda,
que no a las voces responda.
Mas oíd lo que pensó
mi ingenio: para que venga
buscándonos, ha de haber
una industria.

Todos — ¿Qué ha de ser?

Liríope — No hay cosa que con él tenga
más fuerza para atraelle,
que oír música; y siendo así
divididos desde aquí,
cantando para movelle

todos id.

Febo — Con Laura esta
falda al monte correré.

Silvio — Y yo con Sirene iré
penetrando esta floresta.

Anteo — Yo con Silvia, hasta la cumbre
de ese monte he de subir.

Sileno — Yo con Eco he de medir
su más alta pesadumbre.

Bato — Y yo con Nise también,
he de entrar a ese jaral,
y si cantáremos mal,
por Eco aullaremos bien.

Liríope — Yo sin ley y sin aviso
por todas partes iré.
Cada uno cante lo que
sepa. ¡Narciso! ¡Narciso!

Laura (Canta.) — Pues del monte la falda tocó a mis voces,
díganme de Narciso, fuentes y flores.

Nise (Canta.) — Pues a mí de las selvas tocó lo alegre,
de Narciso me digan flores y fuentes.

Sirene (Canta.) — Pues tocó a mi acento medir la cumbre,
díganme de Narciso sombras y luces.

Eco (Canta.) — Y pues a mi afecto los riscos tocan,

de Narciso me digan luces y sombras.

Laura ¡A la falda!

Nise ¡A la selva!

Sirene ¡A la cumbre!

Eco ¡Al risco!

Liríope Oiga a todos y todas decir... ¡Narciso!

Música ¡Narciso! ¡A la falda, a la selva, a
la cumbre, al risco!

(Vanse y sale Narciso.)

Narciso Aunque la süave voz
de mi madre me parece
que oigo, sombra es que me ofrece
sin cuerpo el aire veloz;
pues hallarla no he podido,
por más que al monte he bajado.
Ya el aliento me ha faltado,
aquí moriré rendido
al cansancio, aunque no es
él el que más me fatiga,
sino la sed; y así diga
de aquella agua el ruido, pues
para darme alivio, diciendo corre...

Laura (Canta.) Díganme de Narciso fuentes y flores.

Narciso Pero ¿qué voz es esta que me suspende?

Nise — Díganme de Narciso flores y fuentes.

Narciso — Como ya en dos partes quiere que escuche...

Sirene — De Narciso me digan sombras y luces.

Narciso — Y aun en tres, supuesto que dice esotra...

Eco — Díganme de Narciso luces y sombras.

Narciso — Por seguir a todas ninguna sigo.

Todos — ¡A la falda, a la selva, a la cumbre, al risco!

Liríope — Oiga a todos y todas decir: ¡Narciso!

Narciso — ¿Cómo, si a mí me llamáis,
sonoras hermosas voces,
volvéis huyendo veloces,
y no solo no le dais
un alivio a mi sentido,
mas trocándole en agravio,
me embarazáis el del labio,
por irme tras del oído?
Y pues de vosotras mal
puedo percibir las señas,
el ruido que entre estas peñas,
no menos dulce el cristal
hace, su aliento me dé,
siendo la primera vez esta
que afán el llegar me cuesta
al agua; pues no dejé
nunca la cueva hasta hoy,

donde un alcornoque era
taza menos lisonjera
de la que mirando estoy
guarnecida de yerbas y flores, donde...

Laura — Díganme de Narciso fuentes y flores.

Narciso — Mas la voz a pararme, diciendo vuelve...

Nise — De Narciso me digan flores y fuentes.

Narciso — Si es que a mí me buscas, ¿por qué me huyes?

Sirene — Díganme de Narciso sombras y luces.

Narciso — Pues que no me alivias, ¿por qué me estorbas?

Eco — Díganme de Narciso luces y sombras.

Liríope — Repitiendo a un tiempo tonos distintos,
oiga a todos y a todas decir: ¡Narciso!

Narciso — Pues a todos escucho, y a nadie veo,
vuelvo al agua. Mas ¿cómo si oigo este acento?

Laura (Canta.) — Es el engaño traidor,
y el desengaño leal,
el uno dolor sin mal
y el otro mal sin dolor.

Narciso — Solo aquella voz pudiera
ser rémora de un sediento.
Seguir quiero de su acento
la música lisonjera.

Nise (Canta.)

Si acaso mis desvaríos
llegaren a tus umbrales,
la lástima de ser males
quite el horror de ser míos.

Narciso

Pero más cerca desta suena,
aunque una y otra me encanta;
y aquella tan dulce canta,
mas esotra me enajena
de mí mismo, porque tiene
más agrado y más dulzura.
Por esta verde espesura
el buscarla me conviene.

Sirene (Canta.)

Ven, muerte, tan escondida
que no te sienta venir,
porque el placer del morir
no me vuelva a dar la vida.

Narciso

En lo alto de aquellas peñas
otra dulce voz sonó,
que nuevamente borró
de las pasadas las señas.

Eco (Canta.)

Solo el silencio testigo
ha de ser de mi tormento,
y aun no cabe lo que siento
en todo lo que no digo.

Narciso

¡Válgame el cielo! Esta sí
que es reina de todas ellas,
que aunque por dulces y bellas
juzgué las que hasta ahora oí,

con más fuerza ha suspendido
esta con mayor empeño.
¡Qué hermoso será su dueño,
pues vence por el oído
dos afectos, que en rigor
son con fuerza desigual...!

Laura (Canta.)

El uno dolor sin [mal,
y el otro mal sin dolor.]

Narciso

Voz que postrando mis bríos,
mis males creces mortales...

Nise (Canta.)

La lástima de ser males,
[quite el horror de ser míos.]

Narciso

No quisiera ver rendida
la vida a tanto sentir...

Sirene (Canta.)

Porque al placer [del morir
no me vuelva a dar la vida.]

Narciso

Lo que siento, mal me obligo
a que lo diga mi aliento...

Eco (Canta.)

Y aun no cabe [lo que siento
en todo lo que no digo.]

Narciso

En mil partes divididos
mis cuidados, son despojos
del viento. Ved algo, ojos,
o no escuchéis tanto, oídos.

(Canta cada uno su copla, y sale Eco.)

Eco

Hacia aquesta parte yo
he de penetrar lo ameno
destas intrincadas breñas,
una y otra vez diciendo...

(Canta.)

Solo el silencio testigo
[ha de ser de mi tormento,
y aun no cabe lo que siento
en todo lo que no digo.]

Narciso

Pájaro destas montañas,
que con süaves acentos
tan sonoramente eres
dulce confusión del viento;
si entre el oído y el labio,
dudoso, absorto y suspenso
me vi, sin saber quién es
mi más poderoso afecto,
pues el oír el cristal
que me llamaba sediento,
sediento también me llama
el aire que a beber vuelvo.
¿Cómo de una sed y otra
tanto has trocado el afecto,
que en vez que labios y oídos
beban agua y aire, has hecho
que beban fuego los ojos,
y tan venenoso fuego,
que para explicarle es fuerza
pensar que en tu estilo mesmo...

Eco

Solo el silencio testigo
[ha de ser de mi tormento,
y aun no cabe lo que siento

en todo lo que no digo.]
Bruto diamante, que mal
pulido de ese grosero
tosco traje, brillar dejas
el alma que ocultas dentro;
no menos suspensa yo
quedé al mirarte, supuesto
que absorta, helada y confusa,
solo a responderte acierto
con lo mismo que cantaba.
(Canta.) Y aun no cabe lo que siento
en todo lo que no digo.

Narciso
Parecidas, según eso,
son nuestras dos suspensiones,
tanto, que los dos diremos,
tú, por si a mí me respondes,
yo, por si a ti me parezco...
(Cantan los dos.) Solo el silencio [testigo
ha de ser de mi tormento,
y aun no cabe lo que siento
en todo lo que no digo.]

Narciso
¿Quién eres?

Eco
Una mujer.

Narciso
La segunda eres que veo,
y aun la primera pudiera
decir, pues a lo que entiendo
no era mujer para mí
la primera que vi, puesto
que en mi pecho no encendió
nunca tan activo fuego

como tu voz y tu vista
han encendido en mi pecho.
¿Adónde vas por aquí?

Eco
A solo buscarte vengo,
y con desear hallarte,
estimara, a lo que pienso,
no haberte hallado, porque
hoy en ti, más que hallo, pierdo.

Narciso
¿Conocíasme?

Eco
Yo no.

Narciso
Pues ¿cómo en este desierto
a quien no conoces buscas?
¿Úsase en el mundo eso
de que busquen las mujeres
a quien no conocen?

Eco
Presto
la causa que me ha traído
sabrás.

Narciso
Dila, pues.

Eco
¡Sileno!

Narciso
¿A quién llamas? ¿Qué pretendes?

Eco
¡Febo, Bato, Silvio, Anteo!

Narciso
Tú quieres matarme, como
si ya no me hubieras muerto.

Eco

¡Sirene, Liríope, Nise!
Venid todos a este puesto,
que ya yo he hallado a Narciso.

(Salen todos.)

Silvio

Llamado de tu voz vengo.

Anteo

De tu voz vengo traído.

Sileno

Alas me ha dado tu acento.

Febo

Aquí Eco hermosa llamaba.

Sirene

Pues todos llegan, lleguemos.

Narciso

¿Tanta gente hay en el mundo?

Liríope

¡Felice yo que te veo!

Narciso

Pues ¿cómo, madre, a buscarme
vienes con todos aquestos?

Sileno

Pedazos del corazón,
dadme los brazos.

Narciso

Teneos,
y si me ha de abrazar alguien,
sea aquella que estoy viendo,
quien es, me di, y lo que intentas,
madre, porque estoy suspenso,
tan notables diferencias
de rostros y trajes viendo.

Liríope
Despacio sabrás tu historia.

Sileno
Dices bien, que ahora no es tiempo
de detenernos aquí.
Juntos al valle bajemos:
allá mudarás de traje
y oirás todos tus sucesos,
hermoso Narciso mío.

Febo
Perdonadme mi atrevimiento,
Sileno, y dadme licencia
para dar al zagalejo,
mientras vós le hacéis vestido,
un pellico, que por nuevo
irá con mejor disculpa.

Sileno
La merced os agradezco.

Febo
Yo me adelanto a enviarle,
y desocupado desto,
amor, intenta finezas
que hacer por su hermoso dueño.

(Vase.)

Silvio
Dadme liciones de cómo
obligue un desdén, deseos.

(Vase.)

Sileno
¡Dichoso yo, que he vivido
hasta haber mirado esto!

(Vase.)

Anteo

Dicha he tenido en ser yo
deste acaso el instrumento.

(Vase.)

Liríope

Sigue, Narciso, mis pasos,
que ya no es patria el desierto.

Narciso

Muchas cosas he admirado,
pero una sola me he muerto.

(Vase.)

Eco

Mas, que según son las penas
que dentro del alma siento,
vienen a ser nueva historia
del mundo Narciso y Eco.

(Vase.)

Bato

¡Ah Sirene!

Sirene

¿Qué me quieres?

Bato

Algo es lo que te quiero,
para que sepas en algo
el mal gusto que yo tengo.

Sirene

Peor le tuviera yo,
si te quisiera a ti.

Bato

Niego

que, cada cosa en su tanto,
todo es malo y nada es bueno.
Pero esto aparte, entre tanto
que a nuestros amos siguiendo
vamos; ¿tú no me dirás
una verdad?

Sirene
Yo la ofrezco.

Bato
No la cumplirás, que no
estás enseñada a hacerlo.
Pero vaya. Yo, Sirene,
soy muy grande majadero.

Sirene
Grandísimo.

Bato
¡Voto al Sol,
que ahora he caído en ello,
desde que estó viendo cosas,
que son cosas que estó viendo
sin entenderlas, Sirene!

Sirene
¿Qué cosas?

Bato
Pues, ¿hay suceso
tan extraño, como haberse
hallado hoy mi amo Sileno
aquí una hija salvaje,
con un salvajito nieto,
y haberme de ir yo ahora
a casa a vivir con ellos?

Sirene
Pues eso ¿qué importa?, di.

Bato
Tú no sabes, según eso,
lo que [es] tratar con salvajes.

Sirene
Bato, no lo son aquestos,
sino una mujer y un hombre.

Bato
Esos, a lo que yo entiendo,
son los peores salvajes,
la vez que llegan a serlo.

Sirene
Pues ¿has visto tú en tu vida
garzón más hermoso y bello
que Narciso?

Bato
Ya estarás
caprichosa; mas no es nuevo
agradarse de salvajes
las mujeres.

Sirene
¡Oh mal fuego
en tu lengua! ¿Qué mujer
se ha llegado agradar dellos?

Bato
¿Qué mujer? Todas aquellas
que iré, Sirene, diciendo.
Mujer hay que se enamora
de un disciplinante, viendo
que es tan gran salvaje que
a sí mesmo se da recio.
Mujer hay que se enamora
de un volatín, no atendiendo
que es tan gran salvaje que
anda en aire habiendo suelo.
Mujer hay [que] se enamora

de un toreador, advirtiendo
que es tan gran salvaje que
espera a otro cuerpo a cuerpo.
Mujer hay que se enamora
de un danzante, conociendo
que es tan gran salvaje que
se muele a compás los huesos.
Mujer hay que se enamora
de uno que esgrima, sabiendo
que es tan gran salvaje que
pone sus ojos a riesgo.
Mujer hay que se enamora...

Sirene — Tente, que saber no quiero
más.

Bato — Pues ahora empezaba.

Sirene — Divertidos, en efecto,
con tus locuras, al valle
hemos llegado.

Bato — Y habiendo
dejado en casa a los dos,
se va el acompañamiento.

Sirene — Cada uno a su ganado
querrá acudir.

Bato — Si no es Febo,
que a la soledad se vuelve.

(Sale Febo.)

Febo] Sirene, a buscarte vengo.

Sirene ¿En qué puedo yo servirte?

Bato Yo por no estorbar me ausento,
y también por ir a ver
qué hacen los huéspedes nuevos.

Febo Pues nadie, Sirene, ignora
en el valle la firmeza,
con que la rara belleza
de Eco mi atención adora,
no habré menester ahora
repetirle, y pues aquí
estabas cuando (¡ay de mí!)
un favor depositó
para una fineza, yo
le pienso ganar por ti,
Sirene, supuesto que eres
hoy tú la zagala a quien
Eco ha querido más bien,
y en tu gracia te prefieres,
si dar vida a un muerto quieres,
procura saber en qué
más agradarte podré;
que las finezas no son
de mayor estimación,
por grandes, Sirene, que
por la ocasión en que llegan.

Sirene No tienes que decir más.
Cuanto yo sepa, verás
que mis labios no te niegan.

Febo
Eso mis ansias te ruegan.

Sirene
Ya te digo que lo haré,
y nada te callaré.

(Vase.)

Febo
¿Quién mayor tormento alcanza,
que el que ama sin esperanza
a una hermosura sin fe?
Apenas el invierno helado y cano
este monte con nieves encanece,
cuando la primavera le florece,
y el que helado se vio, se mira ufano.
Pasa la primavera, y el verano
los rigores del Sol sufre y padece.
Llega el fértil otoño, y enriquece
el monte de verdores, fruta el llano.
Todo vive sujeto a la mudanza.
De un día y otro día a los engaños
cumplen un año, y este al otro alcanza.
Con esperanza sufre desengaños
un monte, que a faltarle la esperanza,
ya se rindiera al poso de los años.

(Sale Liríope y Narciso.)

Liríope
¿Has estado atento?

Narciso
Sí,
y todo cuanto me has dicho
en la memoria lo tengo
y en el corazón escrito.
Y para que lo conozcas,

el haber, madre, nacido
en los montes, y el haber
criádome en tal retiro,
todo para en que yo tengo
en las estrellas previsto
que una voz y una hermosura,
con efectos distintos,
amando y aborreciendo,
son mis mayores peligros.

Liríope — Pues haz por guardarte dellos,
considerando, Narciso...

Narciso — ¿Qué?

Liríope — Que tú solo no más
podrás guardarte a ti mismo.

Narciso — De todo advertido ya,
licencia, madre, te pido
para ir a ver por el valle,
lo que otras veces he visto.
Sepa yo de los pastores
los diversos ejercicios,
el modo de apacentar
los ganados, el estilo
de las labranzas del campo;
y ya que libre me miro,
débales algo a los ojos
hoy mi natural instinto,
que no todas las noticias
deber tengo a los oídos.

Liríope — Aunque con algún temor

la licencia te permito;
mas porque no vayas solo,
quiero que vaya contigo
un criado de mi padre,
que te informe y te dé aviso
de todo. ¡Bato!

(Sale Bato.)

Bato
Señora.

Liríope
Hoy de tu despejo fío
mi temor. Narciso quiere
ir a ver todo el ejido,
y conocer los pastores
de aqueste valle vecinos.
Llévale por ahí, y dél
no te apartes. Advertido
escucha, Bato, lo que
a solas aquí te digo.
No le dejes con ninguna
zagala hablar.

Bato
No me obligo
a esto solo, porque es
muy desapacible oficio
el estorbador, y yo
a lo contrario me inclino.
Mas en fin es hacer gusto,
y muero por ser bienquisto.

Liríope
Tú harás lo que yo te encargo.
¡Mejorad, dioses divinos,
del hado las amenazas!

(Vase.)

Bato — Buena comisión ha sido
la que tu madre me ha dado.
¿Quién en el mundo habrá visto
que los Batos ayos sean?

Narciso — Ea, vamos, Bato amigo,
discurriendo todo el valle.

Bato — Discurramos.

Narciso — ¿Qué edificio
es aquel?

Bato — ¿Aquel? Un templo
de Apolo, eminente y rico.

Narciso — Es muy justo que los dioses
tengan lugar más altivo,
que aun en lo material deben
ser al hombre preferidos.
El haber mirado estimo
el edificio dorado
entre los demás pajizos.

Anteo (Dentro.) — Yo os pondré en paz, voto [al Sol]
si la honda me desciño.

Narciso — ¿Qué es aquello?

Bato — Están lidiando
allí dos fuertes novillos

de Anteo, y él los desparte
con la honda y con el silbo.

Narciso ¿Quién es Anteo?

Bato Un zagal
el más valiente que ha habido
en toda Arcadia.

Narciso ¿Y qué es
ser valiente?

Bato Haberlo él dicho.

Narciso ¿Cúyo ha sido aquel rebaño?

Bato Si has de matarme, Narciso,
a pescudas, ¿no es mijor
tomar aqueste cochillo
y degollarme con él,
que con el de palo?

Narciso Digo
que no preguntaré más.
¿Cúyo aquel rebaño ha sido,
que de ese monte a ese valle
desciende en tan excesivo
número, que tras sí trae
descabellados los riscos?

Bato De Febo, que es el pastor
más discreto y entendido
que tiene toda la Arcadia.

Narciso ¿Y en qué, dime, ha consistido
el ser entendido un hombre?

Bato En dar otros en decirlo,
porque una misma razón
dicha de dos, ya se ha visto
ser en el uno agudeza
y en el otro desatino.

Narciso ¿Y aquel ganado que llega,
amenazándole al río,
que ha de agotar su corriente?

Bato ¿Quién me ha encontrado contigo?
De Silvio, que es el pastor
más galán.

Narciso ¿Y en qué ha caído
ser galán?

Bato En parecerlo,
siendo al uso talle y brío.

Narciso Pues ¿hay usos en los talles?

Bato Sí. Yo me acuerdo haber visto
usarse un año a los pechos
y otro año a los tobillos:
y esto no es mucho, que en fin
consistía en los vestidos.
Mas en las caras me acuerdo
el tener usos distintos
las mujeres.

Narciso ¿En las caras,
qué naturaleza hizo
uso?

Bato Un tiempo que se dieron
en usar ojos dormidos,
no había hermosura despierta,
y todo era mirar bizco.
Usáronse ojos rasgados
luego, y dieron en abrirlos
tanto, que de temerosos,
se hicieron espantadizos.
Las bocas chicas, entonces,
era de lo más valido,
y andaban por estas calles
todos los labios fruncidos.
Dieron en usarse grandes,
y en aquel instante mismo,
se desplegaron las bocas,
y dejando lo jarifo
de lo pequeño pusieron
su perfección en limpio
de lo grande, hasta enseñar
dientes, muelas y colmillos.

Eco (Canta.) Pues el Sol y el aire
turban mi color,
hécelo de envidia
el aire o el Sol.

Narciso ¿Quién es esta, que un rebaño
trae de blancos corderillos,
dando a entender que se dejan
apacentar los armiños?

Bato

Esta es Eco, la más bella
zagala que el Sol ha visto.

Narciso

¿Qué será que al verla yo
pierdo todos mis sentidos,
y este pesar que me hace
se le agradezco y estimo,
dejándome engañar dél,
creyendo que es regocijo?

Bato

A la fe, que esos extremos
de amor son. De resistirlos
trata al principio, porque
solo podrás al principio.

Eco (Canta.)

Pues el Sol y el aire
[turban mi color,
hécelo de envidia
el aire o el Sol.]

Narciso

Si una voz y una hermosura
me amenazan con castigo,
de su hermosura y su voz
huyamos, Bato.

(Sale Eco y Sirene.)

Eco

Narciso...

Narciso

Hermosa zagala.

Eco

Mucho
verte en este traje estimo.

¿Cómo te parece el valle?
¿No es más ameno este sitio
que el monte donde naciste?

Narciso

Si en él tu belleza admiro,
no solo mejor que el monte,
mejor será que el Eliseo.
Mas quédate. Adiós.

Eco

¿Por qué
te vas tan presto?

Narciso

Imagino
que me importa el ausentarme.

Eco

¿Cómo?

Narciso

Como habiendo sido
una voz y una hermosura
mis dos mayores peligros,
y concurriendo en ti entrambos,
el huir de ti es preciso;
que es un encanto tu voz
y tu hermosura un hechizo.

(Vase.)

Bato

Criarse quiere este muchacho.

Eco

Sirene, ¿qué es lo que miro?
¿Zagal hay que, al darle yo
ocasión, tiemblo el decirlo,
de hablar conmigo, se ausenta,
huyendo de hablar conmigo?

Y aun no extraño tanto, no,
que él pueda, pierdo el sentido,
consigo acabarlo, como
que yo no pueda conmigo,
viéndole ausentar de mí,
acabar de no sentirlo.
Yo, que la más celebrada
pastora soy que ha tenido
la Arcadia; yo, que de tantos
idolatrada me he visto,
¿al desaire de un rapaz,
tan grosero como lindo,
tantas vanidades postro,
tantas altiveces rindo,
que confiese que lo siento?
Mas, ¡ay de mí!, ¿de qué me aflijo?
Que ninguna siente más
los desaires que la hizo
la libre condición de uno,
que quien ufana ha rendido
la esclava pasión de todos,
porque en efecto es preciso
que todo estilo se extrañe,
cuando es extraño el estilo.

Sirene
No de esa manera sientas
un acaso sucedido
tan acaso.

Eco
Si supieses
lo que siente el pecho mío,
¡ay Sirene!, no culparas
estos extremos que has visto.
Desde el instante que vi

la hermosura de Narciso,
vivo pensando que muero,
muero pensando que vivo.

(Salen por los dos lados Silvio y Febo.)

Febo ¡Qué escucho, cielos! ¿Tú quejas?

Silvio ¿Tú extremos? Cielos, ¡qué miro!

Febo ¿Tú llanto?

Silvio ¿Tú sentimiento?

Febo ¿Tú lagrimas?

Silvio ¿Tú suspiros?

Eco Esto solo me faltaba.

Silvio Mirando que sus divinos
ojos más perlas congelan,
que no del alba el rocío,
al cielo pediré albricias.

Febo Yo al ver que en dos bellos hilos
de aljófar hoy se desata
todo el campo del Olimpo,
el pésame daré al cielo.

Silvio Alegre a su voz me rindo,
porque este apacible llanto
con sus ternezas me ha dicho
que sabe sentir su pecho.

Febo
Triste hoy a sus pies me humillo,
porque me ha dicho este llanto
que hay algo que ella ha sentido.

Eco
¡Oh qué mal contento, amor,
eres, pues que no ha podido
despicarte de un amado,
tener dos aborrecidos!

Silvio
Si en el desear, ¡oh Febo!
hacer finezas compito
con tu amor, en esta acción
más Eco a mí me ha debido.

Febo
¿De qué suerte?

Silvio
Desta suerte.
Oye, pues es tuyo el juicio.

Eco
Por disimular mis penas
habré por fuerza de oírlo.

Silvio
Tan rara es, tan peregrina
de Eco la belleza ufana,
que no creyéndola humana,
la adoré como divina.
Hoy, pues, que al llanto se inclina,
mayor esperanza alcanza
mi amor; luego en confianza
tal debe mi pensamiento
estimar su sentimiento,
pues dél nace mi esperanza.

Febo

Yo desde el punto que vi
a Eco, siempre la adoré
como divina, y aunque
llorar ahora la vi,
humana no la creí,
con que persuadirme intento,
que siente mi atrevimiento,
porque a ser divina alcanza;
luego debe mi esperanza
morir de su sentimiento.

Silvio

Suceder en el amor
lo que en un enfermo suele,
que ninguno dél se duele,
si no sabe qué es dolor.
Luego sentir fuera error
el verla sentir aquí;
pues viendo que siente así,
podrá más piadosamente
obligarla lo que siente
a que se duela de mí.

Febo

Que solo se compadece
el que padece un dolor,
concedo; y así, mi amor
del suyo se compadece.
Si a ti su dolor te ofrece
alivio, porque de ti
se duela, yo al revés fui,
pues es más justo que yo
me duela della, que no
que ella se duela de mí.

Silvio

Si yo remediar pudiera

con mi dolor su dolor,
el no hacerlo fuera error.

Febo

Yo de cualquiera manera
sentir su dolor quisiera.

Silvio

Hacer no es contra decoro
dél conveniencia.

Febo

Ello ignoro,
¿qué mayor inadvertencia,
que el hacer yo conveniencia
del dolor de lo que adoro?

Eco

Atentamente he escuchado
de uno y otro la importuna
competencia, y que ninguna
se declara en mi cuidado.
En ti ni en ti he estimado
consuelo ni compasión,
y puesto que iguales son
del que estima y del que llora
los afectos, hasta ahora
no es de ninguno el listón.

(Vase.)

Silvio

¡Plegue amor, pues ofendida
dél en mi agravio te empleas,
que de quien amas te veas
quejosa y aborrecida!

(Vase.)

Febo — Eso a los cielos no pida
mi voz; mejor es que así
aborrezcas, pues aquí
quieren más mis penas fieras,
a trueco que a nadie quieras,
que me aborrezcas a mí.
¡Ay, Sirene! ¿Qué haré yo,
me di, si es que algo has sabido,
que en el mar de mis desdichas
me pueda servir de alivio?

Sirene — Sola una cosa.

Febo — ¿Cuál es?

Sirene — Olvidar.

Febo — Sin duda has visto
desahuciada mi esperanza,
pues la recetas olvido,
que es sepulcro del amor.

Sirene — Mal haré si no te digo
lo que sé, ya que has fiado
tu dolor del pecho mío.
Eco no puede quererte,
y no tan común ha sido
su desdén, que no le haya
postrado...

Febo — ¿A quién?

Sirene — ...a Narciso.

Febo ¡Ay, Sirene! Mal has hecho...

Sirene ¿En qué?

Febo En habérmelo dicho.

Sirene Tú ¿no me has preguntado?

Febo Sí, mas por aqueso mismo
no decírmelo debieras;
pues cuando un celoso quiso
saber, quiso no saber;
y pues no estaba en mi arbitrio
no preguntarlo, estuviera
en el tuyo no decirlo.

Sirene Aunque tarde esa lición
me das, Febo, solicito
pagártela yo con otra.
Nunca lo que está escondido
de mujer, quieras saberlo,
si has de sentir el oírlo.

(Vase.)

Febo Flores deste ameno valle,
troncos destos altos riscos,
aves deste manso viento,
fieras deste monte altivo,
pastores destas riberas,
ganados destos apriscos,
hermosuras destos campos,
cristales de aquestos ríos,
pues todos testigos fuisteis

del venturoso amor mío,
de mis desdichados celos
sed ahora también testigos.

(Quédese suspenso sobre el cayado, y sale Bato y Narciso.)

Bato ¿Dónde vuelves?

Narciso No lo sé;
que por más que me resisto,
no puedo más. A ver vuelvo
la beldad que en este sitio
dejé.

Bato Pues ya no está aquí.

Narciso Dígasme, pastor amigo,
que sobre el cayado estribas
tan confuso y suspendido,
si a Eco, honor destas montañas,
por estos valles has visto.

Febo
(Vale a dar.) Respóndate aqueste acero
en tu púrpura teñido.
Pero no, que no he de hacerte
yo infeliz, porque te hizo
feliz tu amor. Vive, joven,
ufano y desvanecido;
que yo no quiero tomar
más venganza que en mí mismo,
pues tú no tienes la culpa
de querer a quien te quiso,
y yo sí de haber amado
a la que me ha aborrecido.

(Vase.)

Narciso ¿Qué es esto, Bato?

Bato ¿Qué quieres
que sea, si inadvertido
preguntas por Eco a quien
a Eco adora?

Narciso ¿Qué esquivo
veneno en esta palabra
me has dado por el oído,
que ha corrido al corazón
tan vario, que a un tiempo mismo
me abraso y tiemblo, alternando
yelo ardiente y fuego frío?

Bato El que tú a Febo le diste.

Narciso Y Febo, di, Bato amigo,
¿es de Eco querido?

Bato No,
antes siempre aborrecido
vivió.

Narciso La mitad del peso
has quitado a mis sentidos;
que aunque arde el yelo, es templado,
y aunque yela el fuego, es tibio.

(Sale Eco.)

[Eco] (Aparte.)
(Mejor es que de una vez
se declare el dolor mío.)
Narciso, a buscarte vengo.

Narciso (Aparte.)
(Ya el ver que a buscarme vino,
me quitó la otra mitad;
pues si no hubiera venido
a buscarme, fuera yo
a buscarla.) ¿En qué te sirvo?

Eco (Aparte.)
En escucharme. (Cantando
lo diré, por si le obligo
más con mis voces.)

Bato
Yo quiero
dar a Liríope aviso
de aquestos extremos, pues
yo no basto a resistirlos.

(Vase.)

Eco (Canta.)
Bellísimo Narciso,
que a estos amenos valles,
del monte en que naciste,
las asperezas traes.
Mis pesares escucha,
pues deben obligarte,
cuando no por ser míos,
solo por ser pesares.
Amor, sabes con cuánta
vergüenza llego a hablarte,
y no dudo ni temo
que tú también lo sabes.
Si atiendes los colores

que en el rostro me salen,
la púrpura y la nieve
variada por instantes;
porque cada suspiro,
que en efecto son aire,
camaleón de amor
se muda mi semblante.
Desde el primero día
que al monte fui a buscarte,
y te hallé la primera
entre sus soledades,
mi vida a tu hermosura
rindió sus libertades.
Haciendo tu extrañeza,
de mi altivez donaire,
que aunque estaba tan bruto
entonces el diamante
de tu pecho, ya daba
muestra de sus quilates.
Eco soy, la más rica
pastora destos valles;
bella decir pudieran
mis infelicidades;
que de amor en el templo,
por culto a sus altares,
de felices bellezas
pocas lámparas arden.
Todo aquese océano
de vellones, que hace
con las ondas de lana
crecientes y menguantes,
desde aquella alta roca
hasta esta verde margen,
esmeraldas paciendo

y bebiendo cristales,
todo es mío; no hay
pastores que la guarden,
que a mi sueldo no vivan
atentos y leales.
Todo a tus pies ofrezco,
y no porque a rogarte
lleguen hoy mis ternezas,
imágines que nacen
en la constancia mía
de usadas liviandades,
supuesto, bello joven,
que no puede obligarme,
sino es de ser tu esposa,
a que mi amor declare,
porque tengas en mí
siempre firme y constante
un alma que te adore,
un pecho que te ame,
una fe que te estime,
un nudo que te enlace,
atención que te sirva,
amor que te regale,
deseo que te obligue,
cuidado que te agrade.
Y si estos rendimientos
no pueden obligarte,
triste, confusa, ciega,
muda, absorta, cobarde,
infelice, afligida,
me verás entregarme
tanto a mis sentimientos,
que en quejas lamentables
el aire, confundido

de mis voces, se alabe
porque Eco enamorada
se ha convertido en aire.

Narciso

Hecho había tu rigor
experiencias en tu pecho,
con que te iba mejor;
mal, Eco divina, has hecho
en declararme tu amor;
pues tan claramente arguyo,
que postrado mi albedrío,
yo ahora a despecho suyo
te dijera el amor mío,
si hubieras callado el tuyo.
Al buscarte a ti mi airada
pena, la tuya te tray,
con que ya, la acción mudada
ve las distancias que hay
de rogar a ser rogada,
sin reparar en el hado,
mi amor iba a ti rendido;
y en su riesgo he reparado,
que veo favorecido,
mas que vía despreciado.
Y así, no me digas, no,
tu amor, ni en tu vida esperes
ver que su luz me abrasó,
pues con saber que me quieres,
viviré contento yo.

Eco

Oye, aguarda, espera, ten
el paso.

Narciso

Suelta la mano.

(Sale Silvio.)

[Silvio] (Aparte.) ¿Qué es lo que mis ojos ven?

Eco Escúchame.

Narciso Será en vano.

Eco Narciso, mi amor, mi bien...

Narciso No he de oírte.

Silvio ¿Cómo así
sufro mis ofensas yo?

Narciso Déjame.

Eco ¿De mí huyes?

Narciso Sí.

Silvio (Aparte.) ¿Quién mayor desdicha vio?

Eco Véngueme el cielo de ti.

Silvio Si tú le pides al cielo
que dél te vengue (¡ah crüel!),
ya con mayor desconsuelo
pedir puede mi desvelo
que me vengue de ti y dél.
Y supuesto que él aquí
a ti, fiera, te ofendió,
y tú y él junto a mí,

dél me vengaré, pues no
me puedo vengar de ti.
Advenedizo zagal,
que de ese monte eminente,
a solo aumentar mi llama,
hijo del viento, desciendes.
Aunque no es tuya la culpa
de que Eco a amarte llegue,
sino suya, y aunque tengo
en parte que agradecerte,
al ver cuán dueño de ti
tanta ventura desprecies,
tan fuera de la razón
las leyes los celos tienen,
que mandan que muera quien
es querido, y no quien quiere.
Sin duda que fue mujer
quien introdujo esas leyes,
pues condenó el instrumento
y no al que con él ofende.
Y así, pues ya recibido
está en uso que se venguen
en los hombres los agravios
que nos hacen las mujeres,
fuerza es el vengarme en ti,
aunque es fuerza que me pese
que seas tan tierno joven,
que no haga nada en vencerte.

Eco (Aparte.) Silvio, mira... ¡Muerta estoy!

Narciso ¡Ay de mí, infeliz!

Eco Advierte...

Silvio
Para matarle me irritas
más cuanto más le defiendes.

Narciso
Pues no me defiendas más,
deja que a mis brazos llegue,
que valor hay en mis brazos
que sabrán, Eco, vencerle.

(Luchan.)

Silvio
¿Cómo, si a mis plantas ya
estás? Por dichoso muere;
que es delito ser dichoso
en los amantes.

(Va a sacar la daga, y sale Febo y le detiene.)

Febo
Detente,
no le mates.

Silvio
¿Tú lo estorbas?

Febo
Sí.

Silvio
Será porque no tienes
noticia de la ocasión,
Febo; que si la tuvieses,
me ayudaras a matarle.

Febo
No hiciera, que por saberle,
antes que por ignorarle,
le guardo; que no merece
morir por verse querido.

Silvio

¡Oh qué infames celos tienes,
pues mil muertes no deseas
a hombre que a tu dama quiere!

Febo

Antes son mis celos nobles,
pues desengañar pretenden
hoy al mundo del error
que en esa parte padece.
Querer lo que quiero yo,
casi lisonja a ser viene,
pues aprueba mi buen gusto;
ser más dichoso en que llegue
a ser más querido, es
donativo de la suerte:
pues ¿por qué al que el cielo hizo
más venturoso, he de hacerle
yo más desdichado? Fuera
de que es tan sagrado siempre
para mí (extráñelo el gusto,
yerre yo en esto o acierte)
cuanto es gusto de mi dama,
que tengo de defenderle,
por no hacerle ese pesar
de ofender lo que ella quiere.

Silvio

En amor, Febo, no hay
sofisterías..., y advierte
que en celos nunca hay nobleza:
lo que se siente se siente.
Y así, tengo de matarle,
porque esa se favorece,
aunque tenga que estimarle
el ver que él a Eco desprecie.

Febo ¿Él despreciar a Eco?

Silvio Sí.

Febo Ahora le daré yo muerte,
porque a lo que quiero yo
no ha de haber quien lo desprecie.

Silvio Ahora lo defenderé
yo, si advierto que le tiene
esa obligación mi amor.

Febo ¡Oh qué villano amor tienes,
pues lo que Eco quiere matas,
y guardas lo que a Eco no quiere!
Y a ti es fuerza que aquí
de ese desaire la vengue.

Silvio Yo por él he de guardarle.

Febo El que de los dos venciere,
siga después su opinión.

(Luchan.)

Eco ¿Quién vio confusión más cierta?
Pastores desta montaña,
venid a favorecerme,
estorbando una desdicha
que hoy a mis ojos sucede.

(Salen todos.)

Anteo
¿Qué es aquesto? Silvio, Febo,
teneos, que estoy presente.

Sileno
Narciso, ¿tan presto ya
pendencia en el valle tienes?

Narciso
Y aun dos, pues dos enemigos
aquí matarme pretenden.

Liríope
¡Qué presto empiezan los hados
a declararnos que tienes
tu riesgo en una hermosura!

Bato
Yo, sin que astrólogo fuese,
lo dijera, porque ¿quién
no tuvo su riesgo siempre
en una hermosura, y aun
en una fealdad mil veces?

Sileno
¿Qué es esto, Eco hermosa?

Eco
Ser
desdichada solamente.

(Vase.)

Anteo
¿Qué es esto, Silvio?

Silvio
Ser yo
infeliz: Febo os lo cuente.

(Vase.)

Liríope
¿Qué es esto, Febo?

Febo
No sé;
Narciso decirlo puede.

(Vase.)

Sileno
Narciso, ¿qué es esto?

Narciso
Yo
no sé lo que me sucede.

(Vase.)

Anteo
Bato, pues fuiste a llamarnos,
dinos tú más claramente,
¿qué es esto?

Bato
Ser desdichado.
Ahí os lo dirá esa gente.

(Vase.)

Sileno
Sigámoslos, porque no
vuelvan otra vez a verse,
antes que amigos se hagan.

(Vase.)

Anteo
Vamos, aunque me parece
que el serlo será imposible
donde una dama interviene;
que amistades sobre celos
hanse visto pocas veces.

(Vase.)

Liríope

Cielos, pues ya me vais dando
indicios tan evidentes,
en la hermosura de Eco
del peligro que previenen
vuestros astros a Narciso,
dadme valor con que enmiende
los amagos, antes que
las ejecuciones lleguen.
Válgame lo que he aprendido,
para que el daño remedie,
pues primero que le vea
sucedido, he de ponerle
mil embarazos al paso,
si sé altiva, osada y fuerte
transformar todos los globos
de esa máquina celeste,
viéndola a prodigios míos
desplomada de los ejes.

(Vase.)

Fin de la Jornada segunda

Jornada tercera

Salen Febo, Silvio y Anteo.

Anteo
Eso habéis de hacer por mí,
pues ocasión no tenéis
de no ser amigos.

Febo
Mal
sabes lo que es querer bien,
pues dices que no tenemos
ocasión para no ser
los dos amigos, amando
los dos un mismo desdén.

Silvio
¿Cómo es posible que sea
un hombre amigo de quien
quiere lo que él quiere, siendo
ira los celos?

Anteo
Aunque
entiendo poco del duelo
de amor; a mi parecer,
cuando igualmente los dos
aborrecidos os veis,
y ninguno es preferido,
podéis ser amigos, pues
lo que al sentimiento obliga
en cualquier amante es
que la esperanza o favor
que yo pierdo, gane aquel.
Mas sin favor ni esperanza
el uno y otro es querer
estirar el duelo a más

de lo que manda la ley.

Febo
Esa es bastante razón
para no reñir con él;
mas no para ser su amigo.

Silvio
Febo ha respondido bien;
que una cosa es amistad
y otra es competencia.

Anteo
Pues
en aquesa diferencia,
yo me contento con que
enemigos no seáis,
si amigos no queréis ser.

Febo
De eso aun la palabra doy,
a mi pesar.

Silvio
Yo también.
Pero advierte que se queda
el mayor disgusto en pie,
porque yo le doy a Anteo,
en cuanto a Febo, que es
igual conmigo en mis penas,
no en cuanto a Narciso, pues
si Eco le quiere, yo tengo
de vengarme della en él.

Febo
Yo, no porque ella le adore,
que es dicha y no culpa es;
porque él la desdeña, sí;
que yo no tengo de ver,
que ninguno trate mal

a lo que yo quiero bien.

Anteo

Antes de hablar a los dos,
con ese zagal hablé,
y me ofreció de estorbar
las ocasiones en que
disgustar pueda a ninguno
ni en despreciar ni en querer.
Y puesto que en esta parte
Estáis compuestos los tres,
ved que queda sobre mí
vuestra competencia, y ved
que el que la rompa, conmigo
habrá de reñir después.

(Vase.)

Silvio

¿Quién llegó a mayor desdicha
que el galán que llegó a ver
cara a cara un desengaño...?

Febo

¿Quién llega a más dicha, quién,
que el amante que llegó
un desengaño a tener...?

Silvio

...Pues cuanto vivió engañado,
vivió contento, porque
una cosa es ignorar,
y otra cosa es padecer.

Febo

...Pues cuanto engañado amó,
fue desdichado, porque
no hay mal como el que encubierto
mata, sin saberse dél.

Silvio
¡Oh quién engañado amara
toda su vida...

Febo
Y, ¡oh quién
hubiera este desengaño
tenido antes...

Silvio
...para que
nunca sintiera el dolor!

Febo
...para que siempre el crüel
dolor hubiera sentido!

Silvio
¡Que en un amor...

Febo
¡Una fe...

Silvio
...no hay cosa como ignorar!

Febo
...no hay cosa como saber!

(Sale Eco.)

[Eco] (Aparte.)
Silvio y Febo están aquí.
¡Cuánto siento que otra vez
su cansada competencia
a escuchar he de volver!

Febo (Aparte.)
Eco es la que ven mis ojos.

Silvio (Aparte.)
Eco la que miro es.

Febo (Aparte.)
Dadme valor, sentimientos,

para dejarla de ver.

Silvio (Aparte.) Para no llegar a hablarla,
quejas, esfuerzos haced.

Febo Eco, los dioses te guarden.

(Vase.)

Silvio Vida los cielos te den.

(Vase.)

Eco ¿Cómo los dos, sin hablarme,
se van desta suerte? ¿Quién
creerá que sentí al hallarlos
aquí, cuando aquí llegué,
porque temí que me hablaran
en su amor, y que después
he sentido que se ausenten
los dos, sin hablarme en él?
Pero ¿qué mucho, qué mucho,
si en efecto a la mujer
que más ha olvidado, más
ha llegado a aborrecer,
aun de lo que quiere mal,
le suena la queja bien?
Que es una ceremoniosa
vanidad verle querer,
que se desestima antes,
y se echa menos después.

(Sale Bato y Narciso.)

Bato — ¿Dónde vas?

Narciso — A caza al monte
voy, Bato, que quiero ver
si con la ausencia mejor
venzo esta pasión crüel,
porque a Eco en toda mi vida
tengo de escuchar ni ver;
que está en ella mi peligro.

Eco (Aparte.) — Él viene aquí, ¿qué he de hacer?

Narciso (Aparte.) — Ella esta aquí, huyamos antes
que llegue a hablarme.

Eco (Aparte.) — (Mas ¿qué
lo que he de hacer dudo yo?
¿Aquí a sentir no llegué
que se fuesen sin hablarme
los dos que aborrecí? Pues
lo que fue veneno en ellos
será medicina en él.
Esfuérzate, corazón,
vence siquiera una vez.)
Narciso.

Narciso — ¿Qué quieres, Eco?

(Vase hacia el paño.)

Eco — Que vida el cielo te dé.

Narciso — ¿Cómo sin decirme más
te vas?

Bato — Andando en los pies.

Narciso — ¿Luego ya no siente, Bato,
que desengaños la dé,
pues ella no me da quejas?

Bato — Paréceme que no.

Narciso — ¿Quién
habrá llegado a sentir
lo que llegó a pretender?

Bato — Quien pretendió lo que había
de sentir.

Eco (Aparte.) — ¿Esto es querer?
Sí. Mas por disimular,
y porque piense también
que nada siento, cantando
la deshecha quiero hacer.
Si espanta su mal quien canta,
¿cómo yo espanto mi bien?

(Vase.)

Narciso — Mas ¿qué importa que se vaya?

Bato — Nada, si se mira bien.

Narciso — Pues no importa sino mucho.

Bato — Importe..., y la mano ten.

Eco (Dentro canta.) Si en los que bien quieren
todo es padecer,
y no hay dicha alguna
en el bien querer,
¡fuego de Dios en el querer bien!

Narciso Amén.

Bato Amén.
Pero ¿de qué te amohínas?

Narciso De que cante.

Bato Dices bien;
que es el cantar muy mal hecho,
despreciada una mujer.

Narciso Huyamos, Bato, de aquí;
que si la escucho otra vez,
tras sí me llevará.

Bato Dices
lindamente; al monte ven.

Eco (Dentro.) ¡Fuego de Dios en el querer bien!

Narciso ¡Amén!

Bato ¡Amén!

Narciso Detente, que aquella voz
un clarín del amor es,
que a mis oídos deseos
ha tocado a recoger.

Dejarme sin hacer caso
de mí, tan fiera y crüel,
cantar tan alegre y libre,
fuerza es que lo sienta. Ven
conmigo, que de mis quejas
testigo te quiero hacer.

Bato ¿Pues dónde hemos de ir?

Narciso Tras ella.

Bato ¿Qué te obliga ahora?

Narciso No sé,
pero estando triste yo,
al ver que ella alegre esté,
porque canta la siguiera,
cuando no cantara bien.
Eco hermosa, espera, escucha...

(Al entrarse, sale Liríope y le detiene.)

Liríope La voz y el paso detén,
Narciso.

Narciso ¿Cómo es posible,
cuando decir escuché...?

(Eco dentro, y Narciso repiten la copla.)

Los dos Si en los que bien quieren
todo es padecer,
y no hay dicha alguna
en el bien querer,

¡fuego de Dios en el querer bien!
¡Amén, amén!

Liríope

¿Es posible que, sabiendo
que está en ese azul dosel
escrito con plumas de oro
y letras de rosicler
el influjo de tus hados
que te amenaza crüel,
sus hojas quieras abrir,
y sus capítulos leer?
¿No sabes que esa hermosura
y esa voz alguna vez
a declararse empezaron
contra ti, cuando a los pies
de dos celosos amantes
te llegan a defender
del un peligro en el otro?
Pues allí el aviso cree,
agradeciendo a los cielos,
que tan de tu parte estén,
que escuches la voz del trueno
antes que el rayo te dé.

Narciso

Yo te confieso que es justo
el recelar y el temer;
pero vencerse a sí mismo,
di, ¿quién ha podido?

Liríope

Quien,
antevisto el daño, huyó.

Narciso

Pues si eso basta, yo huiré.
Al monte me voy a caza,

y al valle no he de volver
hasta que vuelva olvidado
desta tan dudosa fe,
que un día todo es amar,
y otro día aborrecer.
Y así, ya en otro sentido,
diciendo con ella iré...

Si en los que bien [quieren
todo es padecer,
y no hay dicha alguna
en el bien querer,
¡fuego de Dios en el querer bien!
¡Amén, amén!]

(Vase.)

Liríope

Aun hasta en eso hoy el cielo
te da el aviso más fiel,
pues aborrecer y amar
destino es tuyo también.
Ve con él, Bato.

Bato

Ya voy.
Mas mala comisión es
la de andarse tras su amo
que pesar da y quiere bien.

(Vase.)

Liríope

Cielos, ya está declarada
la suerte, y pues ya llegué
del peligro de Narciso
la causa a reconocer,
¿de qué, si no la remedio,

me habrá servido, de qué,
cuanto aprendí de Tiresias,
cuanto leí y estudié
en aquella soledad?
Aprovechémonos, pues,
del saber; que no aplicado,
de nada sirve el saber.
De Eco en la voz y hermosura
sus dos peligros se ve;
pues destruyamos el uno,
para que quede después
el otro imperfecto. Yo
entre las cosas que sé
de la gran naturaleza,
sé un veneno, el más crüel
que produjo la abundancia
de su infinito poder.
Este entorpece la lengua
de tal manera, que aquel
a quien se le da, incapaz
queda del hablar, porque
de las razones no usa,
sin pronunciar ni aprender,
sino solo lo que oye,
y aun eso la última vez.
Ese, pues, tan poderoso,
torpe veneno; este, pues,
parto del opio y beleño,
letargo de Eco ha de ser.
Tan eficazmente hiere,
que no será menester
que la beba; que se pise
bastará, para correr
brevemente al corazón

por el contacto del pie.
Conficionado le tengo,
y al paso se le pondré
de aquella senda que pisa.
Muera de Eco la voz, pues
la voz de Eco es la que pudo
tanto a Narciso mover;
que, pues conseguir no pude
criarle sin ver mujer,
de otra suerte he de guardarle.
Y si esto no basta hacer
el efecto que deseo,
de la tierra dejaré
los secretos producidos,
y hasta ese claro dosel
de los cielos mis portentos
subirán. Desclavaré
de su epiciclo los astros,
y esta gran caterva fiel
de estrellas y de luceros
perderá su rosicler.
La faz mancharé a la Luna,
turbarele al Sol la tez,
y titubeando del cielo,
desde un ej hasta otro ej,
la gran república hermosa,
ruina amenazar la haré
sobre el globo de la tierra,
tanto, que temiendo esté,
si se cae o no se cae
a un vaivén y a otro vaivén.

(Vase, y sale Narciso y Bato.)

Bato — Sigue aquel corzo que, herido
de una flecha, al viento iguala.

Narciso — ¿Cómo en ave convertido,
el volar con sola una ala
tan igualmente has podido,
oh corzo, y con tan mortal
herida vuelves la espalda,
cuando con presteza igual,
cuanto pisas esmeralda
lo vas dejando coral?

Bato — En la espesura se ha entrado,
para morir desangrado
en aquel arroyo.

Narciso — Ve
tú, remátale, porque
yo, rendido y fatigado,
no puedo pasar de aquí.

Bato — Ni yo, y agora creí
que verdad debe de ser...

Narciso — Di, ¿qué?

Bato — Que cansa el correr,
porque me ha cansado a mí.

Narciso — Entre aquellas ramas bellas
un poco estemos, pues ellas
impiden el arrebol
del Sol, en tanto que al Sol
late el can del cielo estrellas.

Bato Dices muy bien. Descansemos
aquí un poco, que el lugar
convida; y pues que nos vemos
sin otra cosa en que hablar,
¿de la caza no hablaremos?
¿Hay bobería mayor
que con este resistero
seguir un gamo, señor,
que a la sombra un despensero
le caza mucho mejor,
y más descansado?

Narciso No,
porque el gusto de matalle,
es lo que aquí se estimó.

Bato Que era el gusto, pensé yo,
el cocelle o empanalle.

Narciso Que es el escucharte, piensa,
de un noble ejercicio ofensa.

Bato Tú, que no hay, imagina,
selva como una cocina,
bosque como una despensa.

Narciso De la caza la porfía
Deja

Bato ¿En qué, si esto te pesa,
hablarás?

Narciso De Eco quería,

pues también es caza esa.

Bato — Y aun caza de montería.

Narciso — ¡Que siempre...! Pero ¿qué ruido
es este?

Bato — Que el corzo herido,
de espuma y sangre bañado,
por esta parte ha tornado.

Narciso — Cóbrale tú, que rendido
yo no puedo.

Bato — Yo lo haré,
señor, y a cobrarle iré,
como él pagárseme quiera.

(Vase, y descúbrese la fuente.)

Narciso — Yo a la margen lisonjera
deste arroyo esperaré,
¿atrevereme a beber
los cristales de su fuente,
sin recelar y temer,
que segunda vez intente
mis sentidos suspender
quizá a la ninfa que está
en ella? Pero no hará;
que ofensa no puede ser
llegar yo en ella a beber,
si ella brindándome está.
¡Oh, qué ignorante nací!
¡Oh, qué necio me crié!,

pues nunca de nadie oí
si ofensa o lisonja fue
de las ninfas el que así
se atrevan a su cristal.
Mas si es deidad lisonjera
para remediar mi mal,
forzoso es ser liberal.
¡Oh tú, que eres la primera
ninfa del agua, a quien yo
sediento a pedir llegué
alivio y consuelo, no
te ofendas ahora de que
a ti me atreva! ¿Quién vio
jamás igual hermosura
de la que aquí a mirar llego,
pues su ninfa (¡qué ventura!)
flechando está puro fuego
dentro de la nieve pura?
No sin espanto y recelo
a ver llegan mis temores
en otro mundo de yelo
otros árboles y flores,
otros montes y otro cielo.

(Asómase a la fuente.)

(Como mis voces oyó,
a responderme salió.)
Bellísimo asombro, a quien
la vida y el alma es bien
que ya sacrifiqué yo,
dime si podré (¡ay de mí!)
con el cristal que tú estás
guardando, templar yo aquí

mi sed. Ya dice que sí,
aunque por señas no más;
bien que las entienden fío,
mi discurso y mi albedrío;
duda en ellas no se halla,
pues aunque al hablarla calla,
se ríe cuando me río.
No vi hermosura jamás
tan divina. Beberé,
pues tú licencia me das.
Cuanto al cristal me acerqué,
tanto ella se acercó más.
Vestida, ¡qué admiración!
Como yo está su belleza.
Dos árboles, con razón,
se visten de una corteza,
si tienen corazón.
Beberé, pues..., pero enojos,
porque en sus claros despojos
hallo contrarios agravios.
¿Cómo lo que es en los labios
yelo, es incendio en los ojos?
¿Cómo cuando al agua llego,
en mí tal fuego se fragua?
¿Cómo (estoy mudo, estoy ciego)
si al fuego le mata el agua,
aquí el agua enciende al fuego?
Desde el punto que te vi,
¡oh beldad!, morirme siento;
solo viene bien aquí
aqueste encarecimiento
de «quiérote como a mí»,
puesto que a mí no me quiero
más que a ti, pues por ti muero.

¿Por qué no hablas ni respondes?
Pero de la voz que escondes
segunda ventura infiero,
porque si mi suerte dura,
en voz y hermosura atroz,
fin a mi vida procura,
el no tener tú una voz
es tener otra hermosura.
¿Quieres darme aquesa mano?
¡Vive amor, que la acercó!
Hoy altos favores gano.
Mas, ¡ay de mí!, que es en vano
que tal bien consiga yo,
porque al ir (¡hay pena igual!)
a asirla, de amores loco,
su luz turbó celestial;
y yo solo el cristal toco
y no el alma del cristal.

(Quédase divertido en la fuente, y sale Eco.)

Eco

De la compañía del valle
que más que divierte, cansa,
a la soledad del monte,
huyendo vienen mis ansias.
A llorar vengo a esta fuente,
en cuya apacible estancia,
suelen mis melancolías
divertirse, porque el agua
instrumento es de los tristes,
y esta en dulce consonancia
con cuerdas de vidro hiere
trastos de oro y lazos de ámbar.
Muchas veces vine aquí

a divertir mis desgracias;
pero de todas (¡ay cielo!)
ninguna con mayor causa;
que inquietamente confusa
no sé qué siento en el alma,
que a golpes dentro del pecho
el corazón se me arranca.

(Aparte.) Pero... ¡Qué miro! Narciso
suspenso en ella con tanta
atención está, que creo
que es ya de la fuente estatua.
A que le he seguido yo
no quiero que le persuada;
y así, me he de recatar
entre aquestas verdes ramas.

Narciso

Como tú, hermoso prodigio,
solo me miras y callas,
yo no hago más que mirarte,
y callar; pero esto basta,
porque como yo te vea,
¿qué más dicha?

Eco (Aparte.)

¿Con quién habla
que la está diciendo amores?
¿Los desprecios no bastaban,
sino los celos también?
Mas celos, ¿a qué amor faltan?
Acercarme quiero más;
que puesto que está de espaldas,
no me verá; que no duda
mi necia desconfianza
que de la otra parte esté
alguna hermosa zagala,

con quien habla.

Narciso ¡Qué divina
eres, deidad soberana!
Bella me pareció Eco
antes que a ti te mirara;
pero después que te vi,
aun no es tu sombra.

Eco (Aparte.) ¿Qué aguarda
mi sufrimiento, que ya
a voces no se declara,
viendo cuán a costa mía
guarnece las alabanzas
de otra? Pero a nadie veo;
y pues mi vista no alcanza
desde aquí, por detrás dél
he de procurar mirarla,
si es que me deja valor,
quien lentamente me mata.

(Asómase Eco por detrás de Narciso a la fuente.)

Narciso Bella es Eco, pero tú...
¡Ay de mí, triste! Al nombrarla,
al lado de la que adoro
se puso. ¿Dentro del agua
Eco está? ¿Cómo es posible?
Mas, ¡ay de mí!, mis desgracias
a sus palacios habrán
facilitado la entrada,
o sus celos. No la creas
lo que en mi ofensa te habla
al oído, porque en todo

cuanto te dice, te engaña.

Eco — No engaña, Narciso.

Narciso — ¡Cielos!
¿Quién se ha visto en dudas tantas?
¿Cómo, si el cuerpo está allí,
aquí suena la voz? Rara
confusión en este caso
es la que padece el alma.
¿Cómo estás aquí, si estás
en el cristalino alcázar
desta fuente? ¿A un mismo tiempo
dos cuerpos tienes? Turbada
mi vista verte en dos partes,
con admiración se espanta.

Eco — Escucha.

Narciso — Déjame... Pero
en vano mi voz te agravia:
Eco, hermosura de mis ojos,
si me quieres, si me amas,
si a buscarme al monte vienes,
muestra tus finezas altas
en decirme cómo entraste
a ese palacio de plata,
y cómo tan presto dél
saliste, para que vaya
yo por donde tú saliste
a ver la soberana
deidad desta fuente.

Eco — Espera,

Narciso, detente, aguarda;
que con ser tanta mi pena,
aun es mayor tu ignorancia.
¿A quién ves en esa fuente?
¿Con quién a esa fuente hablas,
si cuanto está dentro della
solo es una sombra falsa,
que a nuestros ojos ofrece
la reflexión en el agua,
porque, como es un cristal
que nuestros cuerpos retrata,
finge ese objeto a la vista?

Narciso

Ya sé, Eco, que me engañas,
porque disuadirme intentas
de mi amor y mi esperanza.
Yo he visto la ninfa hermosa
de esa fuente, a cuya rara
perfección dio el monte nieve,
el clavel púrpura, y nácar
la rosa, el jazmín candor,
hermoso arrebol del alba,
el Sol mismo trenzas de oro,
y el cristal manos de plata.
No es sombra fingida, no;
que ella en su profunda estancia,
entre otras selvas y cielos,
otros montes y otras plantas
se ha dejado ver de mí.
Llega tú, llega a mirarla,
que aún aquí está todavía.

Eco

¡Oh, si un dolor me dejara
aliento con que pudiera

desengañar tu ignorancia,
para tomar de una vez
de tu vanidad venganza!
Mas sí dejará, que yo,
a despecho de su saña,
sabré vencerle. Narciso,
esa deidad que en el agua
viste... ¡qué deidad! No sé
lo que iba a decir, ¡extraña
pena! Para que prosiga,
acuérdame tú en qué hablaba.

Narciso

En la deidad de esa fuente.

Eco

Ah sí. Esa sombra, que vana
tu fantasía presume
que es la ninfa que la guarda,
es..., ¿cómo lo diré yo?
Una explicación me falta...
Lo mismo en que estoy hablando,
dudo con presteza tanta...
Y no tan solo el concepto,
pero también las palabras.
¿Quién eres tú que aquí estás?

Narciso

¿Qué preguntas si me hablas?
Yo soy Narciso.

Eco

Narciso.

Narciso

Sí. ¿Qué te espantas?

Eco

¿Espantas?

Narciso — Pues, ¿no he de espantarme yo,
al ver en ti tal mudanza?
¿Qué ibas diciendo?

Eco — ¿Diciendo?

Narciso — Sí, no calles nada.

Eco — Nada.
(Aparte.) Pero miento, que mil cosas
voy a decir, y turbada
la lengua solo pronuncia
lo que oye.

Narciso — ¡Confusión rara!
Eco...

Eco — Eco.

Narciso — ¿Qué es esto?

Eco — Esto.

Narciso — Sí, ¿qué sientes? Habla.

Eco — Habla.

Narciso (Aparte.) — (Sin duda que, como quiso
ofender la soberana
deidad de esa fuente, ella
ha tomado esta venganza,
embargándola la voz.
Ya me da asombro el mirarla.
De ella huiré. Ella me tiene,

y solo en señas declara
su dolor. El corazón
con su misma mano arranca.)
¿Qué es lo que quieres?

Eco ¿Qué quieres?

Narciso ¿Tú me detienes y llamas?
Dímelo tú a mí.

Eco Tú a mí.

Narciso Suelta.

Eco Suelta.

Narciso Basta.

Eco Basta.

(Sale Bato.)

Bato No he podido volver antes,
porque... Mas no habré hecho falta,
si tan bien entretenido
estabas, señor.

Narciso No estaba
sino mal, porque no sé
qué es lo que a mi vida pasa.
Habla con Eco; quizá
podrá aquí menos turbada
que conmigo hablar contigo;
y estórbala que no vaya

tras mí, que voy a buscar
por todas esas montañas
músicos, que a cantar vengan
a la ninfa soberana
de esa fuente, a quien rendí
el ser, la vida y el alma.

(Vase.)

Bato ¿Ya tenemos otra historia?
¿Qué ninfa o qué calabaza,
señora, es aquesta?

Eco ¿Aquesta?

Bato Sí.

Eco Sí.

Bato ¡Linda flema gastas!
No le sigas.

(Quiere irse Eco detrás de Narciso y él la detiene.)

Eco No le sigas.

Bato No le sigas tú y tu alma;
que yo harto quedo me estoy.
Un instante aguarda.

Eco Aguarda.

Bato ¿Qué es, di, señora?

Eco Señora.

Bato (Aparte.) (¿Señora yo? Está borracha.)
Di lo que sientes.

Eco ¿Qué sientes?

Bato Yo no siento nada.

Eco Nada.

Bato ¿Lo que oyes dices? ¿De cuándo
acá tú eres papagaya?
Notables extremos hace.
Llena de mortales ansias
se hiere el pecho. El temor
della ya me aparta.

Eco Aparta.
(Aparte.) (Por de dentro, hacia mí misma,
sin articular palabra
hablar puedo, pues conozco,
que pronunciar bien le falta
al órgano de mi voz,
aunque no sé por qué causa.)
En mi vida me verán
humanas gentes la cara.
Huyendo de los poblados
a las ásperas montañas.
iré, y escondida en ellas,
las más cóncavas estancias
viviré, triste y confusa,
repitiendo a cuantos pasan
últimos acentos solo.

Ásperos montes de Arcadia,
de Arcadia apacibles selvas,
nobles pastores, zagalas,
hermosos blancos rebaños,
verdes troncos, fuentes claras:
Eco, vuestra compañera
ya de entre vosotros falta.
No la busquéis, porque oculta
en las ásperas montañas
de los montes va a vivir
de Narciso enamorada.
Mas si queréis saber della,
desde los valles habladla;
que de responder a todos
desde aquí os doy la palabra,
llorando con los que lloran,
cantando con los que cantan.

(Vase.)

Bato

Señores, ¿qué ha sido esto
que a Eco ha dado, que no habla
sino solo lo que oye?
¡Oh, quién supiera la causa
para venderla, porque
cuántos hombres me pagaran
a peso de oro, si hay oro,
que sus mujeres y damas,
por mucho que ellos hablasen,
no hablasen una palabra,
solamente todo el día!
¡Y cuántas mujeres, cuántas
también pagaran la cura,
porque los hombres no hablaran

más de lo que ellas quisieran!

(Sale Sirene.)

[Sirene]
Aquí dijeron que estaba
Eco, y a buscarla vengo.

Bato (Aparte.)
(¡Oh, si hubiera la desgracia
hoy tenido tan buen gusto,
que hubiera quitado el habla
también a Sirene!) ¿Qué hay,
Sirene?

Sirene (Aparte.)
¡Oh, cuánto me cansa
este necio! Hablar no quiero,
porque me deje y se vaya.

Bato
¿Pues no me respondes? ¿No?
¿Y por señas? ¿Qué?, ¿no hablas?
¡Linda cosa! ¡Albricias, hombres,
todas las mujeres callan
desde hoy! Peste general
ha venido por sus hablas.

Sirene
¡Malos años para vós!
Que por tardes y mañanas,
ha de hablar.

Bato
Ya me espantaba
yo de que era tan dichoso.

(Sale Febo.)

[Febo] (Aparte.)
(¿Dónde me llevan mis ansias

tras un divino imposible,
sin dicha y sin esperanza?)
¡Bato!

Bato ¿Qué hay, Febo?

Febo Por dicha
entre aquestas intrincadas
espesuras que tejió
rústicamente la varia
naturaleza, que a veces
es sin el arte más sabida:
¿viste a la divina Eco?

Bato No vi sino a la Eco humana,
porque si fuera divina,
no padeciera desgracias.

Febo ¿Qué desgracias?

Bato La más grande
que pudo, Febo, a zagala
ninguna suceder.

Febo ¿Cómo?
¿Fue alguna fiera tirana
sangriento horror de su vida?

Bato Mayor.

Febo ¿De esas peñas altas
se ha despeñado?

Bato Mayor.

Febo ¿Fue monumento de plata
suyo el caudal de ese río?

Bato Mayor.

Febo ¿Mayor que anegada,
que despeñada y herida?

Bato Sí.

Febo ¿Qué fue?

Bato Faltole el habla,
que en mujeres más que todo.

Febo ¡Una y mil veces mal hayas!
Pues ¿ahora me hablas de burlas?

Bato Muy de veras ahora hablaba,
porque sin poder decir
más que sola una palabra,
aquí la vi.

Febo Sus tristezas
de aqueso habrán sido causa.

Bato Pero no te aflijas mucho,
también Sirene callaba
agora, y habló al instante
más que cuatro mil urracas;
y lo mismo será de Eco,
porque si el hablar es falta
en las hembras, no se pierde

tan presto una mala maña.

Febo
Sin darte crédito, voy
por este monte a buscarla.
¿Pero qué es esto?

Sirene
Notable

(Ruido dentro de música.)

ruido de músicas varias
hacia aquí viene.

Febo
No quiero
tenerme a saber la causa;
porque, cuando lloro yo,
me afligen más los que cantan.

Sirene
¿A qué propósito hoy
habrá, Bato, fiesta tanta?

Bato
En albricias de que calle
una mujer: ¿qué más causa?

(Sale Narciso y Músicos.)

Narciso
Aquí, amigos, ha de ser
la música; que esta clara
fuente es la esfera de un Sol
que a su luz de yelo abrasa.
No lleguéis hasta que yo
llegue a la fuente a llamarla;
porque hasta que ella esté allí,
no es bien que música haya.

Bato — Narciso, ¿qué es esto?

Narciso — Ya,
cuando con Eco quedabas,
de paso, ¿no te lo dije?

Bato — Pues dímelo ahora de estancia.

Narciso — A la ninfa desta fuente
rendido mi pecho ama.
Llegando a beber la vi,
diome licencia de amarla
por señas, porque la voz
no suena dentro del agua.
Una música la traigo,
Bato, para festejarla,
y voy a ver si está aquí.

Bato — ¡Cuánto de verla me holgara!
Porque aunque he oído decir
que ninfas y duendes haya,
ni duende ni ninfa he visto.

Narciso — Tente, que podrá enojarla
el que tú llegues a verla,
y aun podrá ser que no salga.
Déjame llegar a mí,
y si a mi voz que la llama
saliere, llegarás tú
secretamente a miralla.
Deidad cristalina, a quien
mi corazón idolatra,
sal a mis voces.

Bato ¿Salió?

Narciso Sí. No sabré decir cuánta
es mi alegría de ver
que tan presto a mi voz salgas.
Una música te traigo,
y a saber lo que te agrada,
te trujiera cuantos dones
producen en estas campañas.
¿No agradeces el deseo?
Di que sí... esa seña basta.

Bato ¿Podré llegar ya?

Narciso Entre tanto
que a decir que canten vaya
a los músicos, podrás
verla, Bato. Mas repara
que llegues tan quedo, que
no te sienta. Soberana
belleza, a decir que lleguen
los músicos voy. Aguarda.
Llega, que ahí queda.

Bato Ya llego
con harto miedo y con harta
vergüenza; que es la primera
vez que a fuente llego. Tanta
ha sido la antipatilla
que he tenido con el agua,
y fe que he guardado al vino.
(Mírase en la fuente.) ¡Qué malditísima cara
de ninfa! La mía no puede

ser peor ni aun ser tan mala.

Narciso
Llegad, desde aquí decid
de mi bien las alabanzas.
¿Hasla visto?

Bato
Ya la he visto.

Narciso
¿No es su belleza extremada?

Bato
Mucho, señor, si tuviera...

Narciso
Prosigue, ¿qué?

Bato
...hecha la barba,
porque tiene más que yo
debo de tener.

Narciso
¡Qué extraña
es tu simpleza! Cantad.
Oye, mi bien, lo que cantan.

Músicos
Las glorias de amor...

Eco [Dentro.]
Amor.

Músicos
...tienen en los celos...

Eco [Dentro.]
Celos.

Músicos
...libradas las penas...

Eco [Dentro.]
Penas.

Músicos que en el alma siento.

Eco [Dentro.] Siento.

Músicos ¡Ay, que me muero de celos
y amores! ¡Ay que me muero!

Eco [Dentro.] ¡Ay que me muero!

Narciso Oíd, ¿qué segunda voz
repetida de los vientos,
duplica vuestros acentos,
rompiendo el aire veloz?

Bato No sé, que admirado yo,
con harto miedo la oía.

Narciso ¿Cómo la letra decía,
que vuestro tono cantó?

Músicos Las glorias de amor...

Eco [Dentro.] Amor.

Músicos Tienen en los celos...

Eco [Dentro.] Celos.

Músicos Libradas las penas...

Eco [Dentro.] Penas.

Músicos Que en el alma siento.

Eco [Dentro.] Siento.

Eco y Músicos
¡Ay que me muero de celos
y amores, ay que me muero!

Eco
¡Ay que me muero!

Narciso
De suerte que repetidos
esos versos los finales,
alguien lamenta sus males,
diciendo en otros sentidos:
«Amor, celos, penas siento.
¡Ay que me muero!».

Bato
¿Quién será?

Sirene
Alguna deidad,
porque quien deidad no fuera,
no hablara sin que se viera.

Narciso
Pues segunda vez cantad.
(Sale Liríope.)
Vamos...

Liríope
No cantéis más.
¿A quién, Narciso, en aquesta
siempre apacible floresta
aquesta música das?

Narciso
A la mayor hermosura
que jamás el cielo vio,
en quien de los hados yo
tengo mi vida segura;
porque si mi fin atroz,

en voz y hermosura están,
aquí los cielos me dan
la hermosura sin la voz.

Liríope
Sin duda que amar procura
a Eco, pues Eco, infelice,
ya solo lo que oye dice,
y está sin voz su hermosura.

Narciso
La deidad de aquesta fuente
es, madre, la que yo adoro.
Dentro della está, y no ignoro
que agradezcas noblemente
tan alto empleo.

Liríope
Pues ¿cuándo
la deidad viste?

Narciso
Al beber
su cristal la puede ver
dentro del agua abrasando,
y tanto me favorece,
conociendo el amor mío,
que se ríe si me río,
y si lloro se entristece.

Liríope
Tu ignorancia te ha tenido
por las señas que me has dado,
de ti mismo enamorado.

Narciso
¿Cómo eso puede haber sido?

Liríope
Llega al cristal, lo verás,
para que desengañado

te burles de tu cuidado
y no te diviertas más.

Narciso Llega tú, que ella está aquí.

(Llega a la fuente Narciso.)

Liríope ¿Estoy en el agua yo
ahora, Narciso?

Narciso No.

(Ahora llega Liríope.)

Liríope Y ahora ¿estoy en ella?

Narciso Sí,
y equívoco mi deseo
extraños discursos fragua,
cuando en la tierra y el agua
a un mismo tiempo te veo.

Liríope Pues desa misma manera
que a mí me miras, te ves.
La que juzgas deidad es
sombra tuya. Considera
si ha sido tu amor locura,
pues a sí mismo se amó.

Narciso ¡Válgame el cielo!, ¿que yo
tengo tan rara hermosura,
y que no puedo, ¡ay de mí!,
siendo quien puede tenerla,
aspirar a merecerle?

¡Cielos!, ¿es aquesto así?

Eco [Dentro.] Sí.

Narciso ¿Quién a mi voz respondió?

Liríope Eco, a quien el monte esconde,
que a cuanto escucha responde.

Narciso ¿Y a sí no perdonó?

Eco [Dentro.] No.

Narciso Pues, Eco, oye. Aunque tú mueras...

Eco [Dentro.] Mueras...

Narciso ...celosa, yo enamorado...

Eco [Dentro.] Enamorado...

Narciso ...no me he acordar de ti.

Eco [Dentro.] De ti...

Narciso Mas, ¡ay, cielos!, que si aquí
junto las voces que oí,
¡oh, madre!, y las consideras,
en tres voces dijo: «Mueras
enamorado de ti».
Y temo que la oiga el cielo.

Eco [Dentro.] El cielo...

Narciso — Pues es fuerza que me dé...

Eco — ...me dé...

Narciso — De mí mismo a mí venganza.

Eco — ...venganza.

Narciso — Y más ahora que alcanza
a ver mi desconfianza,
que lo último repitiendo
de mi acento, está diciendo:
«El cielo me dé venganza».
Esta imposible hermosura...

Eco [Dentro.] — Hermosura...

Narciso — Y aquella hermosura y voz...

Eco [Dentro.] — ...y voz...

Narciso — A un mismo tiempo me han muerto.

Eco [Dentro.] — Muerto...

Narciso — Pues tan claramente advierto
que oráculo del desierto,
cuando a mis penas compite,
Eco conmigo repite:
«Hermosura y voz me han muerto».
¡Ay de mí, infeliz, que muero!

Eco [Dentro.] — Muero...

Narciso Y mi misma sombra amando...

Eco [Dentro.] ...amando...

Narciso Una voz aborreciendo...

Eco [Dentro.] ...aborreciendo...

Narciso ...con que se está averiguando
que el hado va ejecutando
sus amenazas. Huir quiero
de mí mismo, pues ya «muero
aborreciendo y amando».

(Vase.)

Liríope Oye, Narciso, detente.

Bato Al monte se ha entrado huyendo.

Liríope ¡Oh qué en vano los mortales
quieren entender al cielo!
Todos los medios que puse
para estorbar los empeños
hoy de su destino, han sido
facilitarlos más presto;
pues la voz dello le aflige,
y por venir della huyendo,
muerte le da su hermosura:
con que ya cumplido veo
que hermosura y voz le matan,
amando y aborreciendo.

(Sale Febo y Silvio.)

Febo — Asombro de aquestos valles...

Silvio — De aquestos montes portento...

Febo — ...que habiendo fiera venido...

Silvio — ...alto príncipe te has vuelto...

Febo — ¿Qué hechizo es el que a Eco has dado...

Silvio — ¿Qué tósigo, qué veneno...

Febo — ...que huyendo las gentes, muere...

Silvio — ...loca por esos desiertos...

Liríope — ¡Qué tósigo ni qué hechizo,
ni qué veneno más fiero,
que su proprio amor! Él es,
zagales, el que la ha muerto.

Febo — Mientes, que tus magias ciencias...

Silvio — Con sus nocivos alientos...

Los dos — ...juicio y vida la han quitado.

Liríope — Si ellas bastaran a eso,
bastaran a que Narciso
no le pasara lo mesmo:
y pues él muere a otro amor
no menos extraño, es cierto
que no ha sido efecto mío.

Febo	Sí ha sido, pues ese efecto
es venganza de los dioses,
que en él tus atrevimientos
han castigado.

Silvio	Y yo en ti
a ella he de vengar y a ellos.

Febo	Primera de mis razones
será despojo.

(Sale Anteo.)

Anteo	Teneos,
que corre a cuenta esta vida
del que aquí la trajo.

Febo	Anteo,
no la defiendas, pues ves
las razones que tenemos.

Silvio	Y porque mejor lo digas,
vuelve a ver furiosa a Eco,
cómo buscando las grutas,
va de los montes huyendo.

Liríope	Vuelve también, para ver
la poca culpa que tengo,
no menos loco a Narciso.

(Sale Eco.)

[Eco]	¿Dónde ocultarme pretendo

de mí misma aborrecida,
si a mí conmigo me llevo?

(Sale Narciso.)

[Narciso] De mí mismo enamorado
a verme en la fuente vuelvo.

Anteo Si fueran suyos, no fueran
iguales los sentimientos.

Febo Ya que defiendes su vida,
verás que yo otra defiendo;
pues lo noble de mi amor,
a la salud acudiendo
de Eco, intentaré curarla.

Silvio Lo altivo, sañudo y fiero
del mío, más que a su cura,
a su venganza resuelto,
la muerte dará a quien fue
la causa de sus despechos.

Liríope (Aparte.) ¿Para cuándo son, fortuna,
de mi magia los efectos?
Perturbe de sus acciones
el encanto los intentos.

Febo Bella Eco...

Silvio Infeliz joven...

Febo ...darte la vida pretendo.

Silvio ...y darte la muerte yo.

Eco ¿Para qué, si la aborrezco?

Narciso Tarde llegas, puesto que
ya mis desdichas me han muerto.

Eco Y para que no lo logres,
desesperada a ese centro
me he de arrojar.

Narciso Y porque
nunca sea tu trofeo,
me despeñaré esas ondas.

Febo Ven conmigo.

Eco Es vano intento...

Silvio Muere a mi acero.

Narciso Es en vano...

Liríope ¿Qué aguardan los elementos?

Eco Que yo, de mí aborrecida,
de mí en mí vengarme intento.

Narciso Que yo, de mí enamorado,
moriré de mi amor mesmo.

Febo Detendrete yo.

Silvio Darete

yo la muerte.

Todos
Mas ¿qué es esto?

Anteo
Que el Sol empañando el día
en pardas sombras se ha vuelto.

Silvio
¡Qué asombro!

Febo
¡Qué maravilla!

Liríope
¡Qué prodigio!

Anteo
¡Qué portento!

Todos
¿Qué ha sido esto?

Febo
Que Eco en aire
entre mis brazos se ha vuelto.

Silvio
Y Narciso en sus cristales,
antes que a mi saña, ha muerto.

Todos
En cuyas obsequias hacen
cielo y tierra sentimiento.

Liríope
Cumplió el hado su amenaza,
valiéndose de los medios,
que para estorbarlo puse;
pues ruina de entrambos fueron
una voz y una hermosura,
aire y flor entrambos siendo.

Bato
¡Y habrá bobos que lo crean!

Mas sea cierto o no cierto,
tal cual la fábula es
esta de Narciso y Eco.
Perdonad sus muchas faltas
del que, a vuestras plantas puesto,
siempre acuerda la disculpa
del que yerra obedeciendo.

Fin de la comedia

Libros a la carta

A la carta es un servicio especializado para
empresas,
librerías,
bibliotecas,
editoriales
y centros de enseñanza;
y permite confeccionar libros que, por su formato y concepción, sirven a los propósitos más específicos de estas instituciones.
Las empresas nos encargan ediciones personalizadas para marketing editorial o para regalos institucionales. Y los interesados solicitan, a título personal, ediciones antiguas, o no disponibles en el mercado; y las acompañan con notas y comentarios críticos.
Las ediciones tienen como apoyo un libro de estilo con todo tipo de referencias sobre los criterios de tratamiento tipográfico aplicados a nuestros libros que puede ser consultado en Linkgua-ediciones.com.
Linkgua edita por encargo diferentes versiones de una misma obra con distintos tratamientos ortotipográficos (actualizaciones de carácter divulgativo de un clásico, o versiones estrictamente fieles a la edición original de referencia).
Este servicio de ediciones a la carta le permitirá, si usted se dedica a la enseñanza, tener una forma de hacer pública su interpretación de un texto y, sobre una versión digitalizada «base», usted podrá introducir interpretaciones del texto fuente. Es un tópico que los profesores denuncien en clase los desmanes de una edición, o vayan comentando errores de interpretación de un texto y esta es una solución útil a esa necesidad del mundo académico.
Asimismo publicamos de manera sistemática, en un mismo catálogo, tesis doctorales y actas de congresos académicos, que son distribuidas a través de nuestra Web.
El servicio de «libros a la carta» funciona de dos formas.
1. Tenemos un fondo de libros digitalizados que usted puede personalizar en tiradas de al menos cinco ejemplares. Estas personalizaciones pueden ser de todo tipo: añadir notas de clase para uso de un grupo de estudiantes, introducir logos corporativos para uso con fines de marketing empresarial, etc. etc.

2. Buscamos libros descatalogados de otras editoriales y los reeditamos en tiradas cortas a petición de un cliente.

www.ingramcontent.com/pod-product-compliance
Lightning Source LLC
La Vergne TN
LVHW051005080826
845145LV00009B/2465

* 9 7 8 8 4 9 8 1 6 4 0 3 9 *